Hessische Landeszentrale für politische Bildung

Lebensraum als Lebenstraum

Impressum

Satz: Bruno Dorn, Societäts-Verlag
Umschlaggestaltung: Bruno Dorn, Societäts-Verlag
Umschlagabbildung: Emil Neidert. Truppen der 6. Armee auf einer Rollpiste in der Sowjetunion 1941
Bildnachweis: Privatarchiv Emil Neidert
Druck und Verarbeitung: Druck- und Verlagshaus Zarbock GmbH & Co. KG, Frankfurt am Main
Printed in Germany 2021

ISBN 978-3-943192-60-5

LEBENSRAUM ALS LEBENSTRAUM

ANMERKUNGEN ZUR
KONKRETEN AUSGESTALTUNG
DER SOGENANNTEN „OSTSIEDLUNG“
IM DRITTEN REICH

INHALTSVERZEICHNIS

EINLEITUNG

Am 22. Juni 2021 ist es 80 Jahre her, dass das nationalsozialistische Deutschland den Krieg gegen die Sowjetunion begann. Das „Unternehmen Barbarossa" war laut Klaus Hildebrand *„kein ‚europäischer Normalkrieg' im herkömmlichen Stil, sondern ein rassischer Vernichtungskrieg von neuer Qualität."* (Klaus Hildebrand: Das vergangene Reich. Deutsche Außenpolitik von Bismarck bis Hitler, 2. Auflage Stuttgart 1996, S. 740). Für Hildebrand, wie für viele andere Historikerkollegen aus dem In- und auch Ausland, ging es Hitler in diesem Feldzug darum, *„die sogenannte ‚jüdisch-bolschewistische' Führungsschicht des Landes zu vernichten und ihre vermeintlich biologische Wurzel, das Judentum, auszurotten. Durch riesige Landnahmen wollte er gleichzeitig ‚Lebens'-, Kolonial- und Siedlungsraum gewinnen (...)"* (S. 744).

Das klingt irgendwie so, als fahre man auf einer Geraden, könne nirgends abzweigen und das Ziel werde zwangsläufig erreicht und durchlaufen. Doch diese „Gerade" war als solche erst im Nachhinein erkennbar. Hitlers unbeugsamer Kriegsgegner Winston S. Churchill, Premierminister Großbritanniens, hatte den Krieg Hitlers gegen Stalin bis kurz vor dem Überfall überhaupt nicht auf dem Schirm: *„Bis Ende März (1941; d. Verf.) war ich weder davon überzeugt, dass Hitler entschlossen war, sich auf einen mörderischen Kampf mit Rußland einzulassen, noch wusste ich, wie nahe dieser bevorstand."* (Winston S. Churchill: Der Zweite Weltkrieg. Neuausgabe 1985, Bern/München/Wien 1985, S. 515). Das Einlassen Hitlers auf einen „Großkrieg mit Rußland", frohlockte der Kriegspremier, *„schien zu schön, um wahr zu sein."* (S. 516). Die Deutsche Wehrmacht verschliss sich in den Tiefen Russlands, was der von einer möglichen Invasion bedrohten britischen Insel sehr in die Karten spielte. Über die Motive des deutschen Diktators für den Überfall äußert er sich nicht präzise, zitiert aber den „äußerst fähigen Beamten" und Staatssekretär des Auswärtigen Amtes von Weizäcker, den er als Warner vor diesem Feldzug präsentiert: *„Wäre jede niedergebrannte russische Stadt für uns ebenso viel* *wert wie ein versenktes englisches Kriegsschiff, dann würde ich den deutsch-russischen Krieg in diesem Sommer befürworten; ich glaube aber, daß wir gegen Russland nur militärisch gewinnen, dagegen wirtschaftlich verlieren würden. (...)"* (S. 519).

Wenn Churchill hier einen deutschen Staatssekretär vor Beginn des „Unternehmens Barbarossa" die wirtschaftliche Niederlage prophezeien lässt, scheinen ihm rückblickend – eingedenk der Tatsache, dass ein Zugewinn an Kolonial- und Siedlungsraum, wie Kolonialpolitiker aller Kolonialmächte wissen, nicht zwangsläufig einhergeht mit einem Zugewinn an Wirtschaftskraft – wirtschaftliche Aspekte für den Beginn des Feldzuges nur eine untergeordnete Rolle gespielt zu haben. Churchill dürfte auch den Hitler-Stalin-Pakt nicht vergessen haben, so dass er die viel beschworene Todfeindschaft zwischen Nationalsozialismus und Kommunismus für einen überwindbaren Beziehungsfaktor im parallelen Machtstreben der beiden Diktatoren hielt.

Zu Hitlers „Barbarossa"-Überfallkommando gehören zwei hessische Soldaten der 29. Infanterie-Division: Josef Ries aus Frankfurt und Emil Neidert aus Steinbach bei Hünfeld. Beide sind gleich alt: Ries wird am 4. Februar, Neidert am 4. Juni 1913 geboren. Und beide kommen bis nach Stalingrad. Ries diente in der 11. Kompanie des Infanterieregiments 15, Neidert als Kradmelder im Divisionsstab. Ries schreibt als eines seiner letzten Lebenszeichen aus dem Stalingrader Kessel einen Brief, den die Mutter erhält und aufbewahrt. Neidert wiederum fotografiert das Kriegsgeschehen in der Sowjetunion und hinterlässt bei seinem Tod 1997 ein Fotoalbum. Seine Aufnahmen illustrieren diese Arbeit, währenddessen der Brief des Infanteristen Ries aus dem Kessel schonungslos offenbart, wie sinnlos ihm dieser Krieg erscheint:

„Meine Lieben! *Osten, den 19.12.1942*

Will Euch heute einmal reinen Wein einschenken. Am 21. November hatten wir Geländeausbildung und kamen um 11:00 Uhr zurück. Um 1:00 Uhr kam plötzlich Alarm, wir fuhren mit unseren Lastkraftwagen in Stellung. Um 3:00 Uhr waren wir am Ziel und mußten Sicherung stellen. Hier lag ich bis morgens 4:00 Uhr als Horchposten. Ein eisiger Wind, kein bißchen Wärme. Am Morgen ging es auf die Panzer zum Angriff. Am Abend ging es wieder zur Sicherung in Stellung in unserem Erdloch und noch kein Schlaf. Am Morgen griff der Russe an. An unserem Abschnitt wurde er blutig zurückgeschlagen. Seit dieser Zeit sind wir von den Russen eingekesselt, auch bekommen wir noch halbe Portionen. Von jetzt ab fallen wir in dem Kessel von einer Ecke zur anderen, alles auf Panzer bei dieser Kälte. In der Zwischenzeit haben wir auch fünf Tage in Stellung gelegen. Ein Erdloch, eine Zeltplane und darüber eine Kälte und zu essen? Ein ¾ Kochgeschirr, dünne Suppe, 75 Gramm Knäckebrot und etwa 150 Fleisch oder Fisch. Heute gab es wieder eine dünne Suppe für 8 Mann, ein ¾ Laib Brot, für 8 Mann, 50 Gramm Butter und 100 Gramm Wurst. Zum Leben zu wenig, zum Sterben zu viel. Hab großen Hunger, wenn Ihr was übrig habt, schickt es mir. Ich weiß, Ihr habt auch nicht viel, ein paar Scheiben Brot werdet Ihr wohl übrig haben und Ihr könnt es auch lassen, vielleicht gibt es bis dahin auch wieder mehr. Was wir von Herzen hoffen, so kann es ja nicht weitergehen.

Ich muss es Euch leider schreiben. Es ist nicht alles Gold was glänzt. Wenn alles so wäre wie in der Wochenschau, dann ging es uns glänzend. Eine Ungerechtigkeit die es hier gibt, da könnte man Bände schreiben. Aber ich will immer noch zufrieden sein, daß ich am Leben bin. Auf Regen wird auch wieder Sonnenschein folgen. Wenn es besser wird, werde ich Euch es sofort zu wissen geben. In meinen letzten Briefen habe ich geschrieben, es geht mir gut, aber leider war es nicht der Fall. Wir mußten es schreiben. Wie wir aber hörten soll es bald wieder besser werden, und die Befreier sollen näher rücken.

Nun wünsche ich Euch ein frohes und glückliches Neues Jahr
Euer Josef

Und nochmals seid alle recht
Herzlich gegrüßt Euer Josef"

Osten, den 29. 12. 42

Meine Lieben!

Will Euch heute einmal reinen Wein einschenken. Am 21. Dezember hatten wir Geländeausbildung und kamen um 11 Uhr zurück. Um 1 Uhr kam plötzlich Alarm, wir fuhren mit unseren Lastkraftwagen in Stellung. Um 3½ Uhr waren wir am Ziel und mußten Sicherung stellen. Hier lag ich bis morgens 4 Uhr als Horchposten. Hier eisiger Wind kein bißchen Wärme. Am Morgen ging es auf die Panzer zum Angriff. Am Abend ging es wieder zur Sicherung in Stellung in einem Erdloch und auch kein Schlaf. Am Morgen griff der Russe an. An unserem Abschnitt wurde er blutig zurückgeschlagen! Seit dieser Zeit sind wir von den Russen eingeschlossen und bekommen wir auch halbe Portionen. Nun jagt es [illegible] wir in dem Kessel von einer Ecke zur anderen, alles auf Panzer bei dieser Kälte. In der ganzen Zeit haben wir auch 5 Tage in Stellung gelegen. Im Erdloch, eine halbgefrorene Rübe eine Kälte und zu essen? Ein 3/4 Kochgeschirr dünne Suppe, 75 Gramm Knäckebrot und etwa 150 Fleisch oder Fisch. Heute gab es wieder eine dünne Suppe, für 8 Mann ein 3/4 Laib Brot <u>für 8 Mann</u>, 50 Gramm Butter und 100 Gramm Wurst. Zum Leben zu wenig, zum Sterben zu viel. Habe großen Hunger, wenn Ihr was übrig habt schickt es mir. Ich weiß Ihr habt auch nicht viel, ein paar Scheiben Brot werdet Ihr wohl übrig haben oder Ihr kauft es auch besser, vielleicht gibt es bis dahin auch wieder mehr. Was wir am Ganzen hoffen, so kann es ja nicht weitergehen.

Ich muß es Euch leider schreiben. Es ist nicht alles Gold was glänzt, Wenn alles so wäre wie in der Wochenschau, dann ging es uns glänzend. Eine Ungerechtigkeit die es hier gibt. Ich könnte noch Bände schreiben. Aber ich will dann mal zu Hause sein, da ich am Leben bin auf Regen wird auch wieder Sonnenschein folgen. Wenn es besser wird werde ich Euch es sofort zu wissen geben. In meinem letzten Briefe habe ich geschrieben es geht mir gut aber leider war es nicht der Fall. Wir mußten es schreiben. Wie wir aber hören soll es wieder bald besser werden, und die Urlauber sollen näher rücken.

Nun wünsche ich Euch ein frohes
und glückliches neues Jahr

Euer Josef

und verbleibt und lebt recht

herzlich gegrüßt Euer Josef

Hier falzen!

Feldpost

Fiel der Soldat Josef Ries tatsächlich für einen Lebenstraum vom Lebensraum, für den Gewinn von Lebens-, Kolonial- und Siedlungsraum, wie der Historiker Klaus Hildebrand annimmt?

Die vierfache Mutter Anna Ries, geboren am 8. Januar 1883 im schlesischen Klein Karben und noch am 9. März 1945 in Frankfurt bei einem alliierten Fliegerangriff ausgebombt, erhält nach jahrelangem Warten und Hoffen am 2. September 1968, also ca. ein Vierteljahrhundert nach dem Stalingrad-Desaster, einen drei Seiten langen Brief vom Deutschen Roten Kreuz, Suchdienst München: *„(...) Von weit mehr als 200.000 Soldaten, die im Kampf um Stalingrad eingesetzt waren, sind knapp 6.000 am Leben geblieben. (...) Es kann kein Zweifel mehr daran bestehen, daß auch Ihr Angehöriger zu den Opfern des ausweglosen Ringens um Stalingrad zu zählen ist."*

Josef Ries wird damit endgültig für tot erklärt. Anna Ries werden vom Roten Kreuz ausführlich die militärischen Ereignisse vom 19. November 1942 bis zum 2. Februar 1943 erklärt, ferner auch die Verlustzahlen erläutert. Warum ihr Sohn in Uniform in einem brutalen Krieg bis nach Stalingrad kommen musste und für was er dort sein Leben ließ, wird der Mutter nicht erklärt.

In dieser Arbeit soll der Lebensraum-These näher nachgegangen werden; einen umfassenden Erklärungsversuch für die Motive, das Wagnis des „Unternehmens Barbarossa" eingegangen zu sein, kann es hier nicht geben.

80 JAHRE LEBENSRAUM-KRIEG? EINE SUCHE NACH DER SICHTWEISE

Am Anfang war der Überfall. Keine Vorab-Kriegserklärung, kein fingierter Kriegsgrund, nur ein schnöder Überfall. 1941 überfällt Hitler die Sowjetunion. Die infolge ihrer Blitzkriege siegesverwöhnte Deutsche Wehrmacht glaubt, den Koloss Sowjetunion in wenigen Feldzugswochen niederzuringen. Hitler selbst konstruiert nicht einmal eine Präventivschlagthese. Glaubt man seinen eigenen literarischen Hinterlassenschaften, erfüllt sich für ihn ein lang gehegter Traum. Mehr noch: Er wähnt sich am Ziel seines politischen Wollens, der Ausschaltung des Weltjudentums bei Gewinnung des vermeintlich überlebensnotwendigen Lebensraumes für die Deutschen.

1939 hatte in Europa, zwanzig Jahre nach dem scheuen Trocknen der Tinte unter dem Versailler Vertrag, der Zweite Weltkrieg begonnen. Diesen hatte Hitler unter der viel beschworenen und über Parteigrenzen hinweg zustimmungsfähigen Formel „Revision von Versailles: Weg mit dem Schanddiktat!" vorbereitet bzw. hocheskalieren lassen. Aber ist das so? Ging es den Nationalsozialisten wirklich nur um einen „Status quo ante"? Lesen hilft. Ein nach der sogenannten „Kampfzeit" aufs politische Abstellgleis geschobener Partei-Vielschreiber und NS-Wirtschaftstheoretiker, der Würzburger Ingenieur Gottfried Feder, brachte einst das NSDAP-Parteiprogramm im parteieigenen Eher-Verlag München heraus. Das Heftchen erschien 1933 bereits in 111. bis 115. Auflage unter dem Titel „Das Programm der N.S.D.A.P. und seine weltanschaulichen Grundgedanken" zum Volkspreis von 50 Pfennig. Ohne Hitlers Zustimmung dürfte dieses kommentierte NSDAP-Parteiprogramm nicht verlegt worden sein. Egal, jedenfalls liest sich reiner Revisionismus anders:

„Wir verzichten auf keinen Deutschen in Sudetendeutschland, in Elsass-Lothringen, in Polen, in der Völkerbundskolonie Österreich und in den Nachfolgestaaten des alten Österreich. Aber diese Forderung enthält sich und entbehrt trotzdem jeder imperialistischen Tendenz, es ist die schlichte und

natürliche Forderung, die jedes kraftvolle Volkstum als Selbstverständlichkeit aufstellt und anerkennt." (S. 42). Wer die Landkarte Europas von 1914 kennt, weiß, dass eine solche „natürliche" Forderung einer Staats- und Einheitspartei aller deutschen Volksgenossinnen und Volksgenossen in einigen Ländern Europas als höchst unnatürlich wie eine kriegerische Bedrohung ausgelegt werden könnte. Nur die vom Duce geführten Italiener durften sich ihres abgetrotzten Südtirols scheinbar sicher sein. Die Südtiroler liefen für den gebürtigen Österreicher Hitler nicht als Deutsche. 1941 bereits spielen diese acht Jahre alten, parteiamtlichen Aussagen keine Rolle mehr. Versailles war vorbei.

Heerscharen von willfährigen Geisteswissenschaftlern und ehrgeizigen Rassetheoretikern sekundieren beim „Unternehmen Barbarossa" und erklären auf pseudowissenschaftliche Weise, warum die gewaltsame Landnahme zwingend geboten und als Beitrag zur Zukunftsfähigkeit der Nordischen Rasse zu verstehen ist. Befeuert wurde die „Blubomania" nicht nur von den Biologen und anderen irrlichternden Genetikern, sondern auch massiv von den Geographen. Namen wie Karl Haushofer, bei dem u.a. Rudolf Heß studierte, waren Gurus auf dem Feld der Geopolitik. Einer seiner Bestseller hieß „Wehr-Geopolitik. Geographische Grundlagen einer Wehrkunde", Berlin 1941 in 4. und 5. Auflage im Junker und Dünnhaupt-Verlag erschienen. Der Münchner Uni-Professor und Generalmajor a.D. schreibt denn auch tiefbraun eingefärbt im Vorwort zur III. Auflage: *„Die I. Auflage der ‚Wehrgeopolitik' stand noch als Forderung vor verschlossenem Tor, die II. auf der Schwelle zur Erfüllung; die III. erweiterte erscheint zur Krönung eines schwindelnd steilen wehrgeopolitischen Aufstieg des Großdeutschen Reiches von säkularer Tragweite für Erhaltung und Weitung seines Lebensraumes. Wehrgeopolitik ist ihm nötiger als je zuvor! München, 24. Juni 1940. Karl Haushofer.*" Manchmal lohnt es sich, auch Vorworte kritisch zu lesen. Wortgewaltiger hätte man den Ostfeldzug nicht vorbereiten können.

Blut, Boden, Scholle, Germanentum, Bauernadel und Antibolschewismus verschmelzen zum mit aller Härte geführten Weltanschauungskrieg der Deutschen Wehrmacht. Vom Scheitern dieses Feldzugspoker „Barbarossa" ging niemand aus. Der absolute Wille zum Sieg sollte den Sieg selbstverständlich erscheinen lassen.

Aber wer oder was sollte der Eroberung folgen? Was kam nach den Massenerschießungen vornehmenden Einsatzgruppen? Wie sollte die germanische Landnahme umgesetzt werden? Klar, durch Umsiedlung, d.h. mit Vertreibungen und Neuansiedlung. Doch nach welchem Muster sollte das Land buchstäblich wie im übertragenen Sinne bestellt werden? Was sollte mit den Sowchosen und Kolchosen geschehen? Wie sollten die „blühenden Felder“ für die noch zu findenden großgermanischen Wehrbauern entstehen? Wie sollten Agrarmärkte funktionieren?

Adolf Hitler war Österreicher. Und Österreich war gerade in den deutschösterreichischen Kernlanden agrarisch geprägt. Wäre Hitler ein Hanseat gewesen, hätte die nationalsozialistische Ideologie vielleicht in Teilen anders ausgesehen.

In „Mein Kampf“ schreibt er, der völkische Staat habe die Existenz der durch ihn zusammengefassten Rasse sicherzustellen. „Jämmerlich beschaffen“, so Hitler wörtlich, sei in Deutschland das Verhältnis von Volkszahl zur Grundfläche. Daraus leitet der Braunauer ab, dass die Forderung nach Grund und Boden „sittlich und moralisch berechtigt“ sei. Hitler ist nur vordergründig ein „Anti-Versailler“, in dem er das „Schanddiktat von Versailles“ als Wurzel allen Übels anprangert und damit hohe Zustimmungsquoten für seine Außenpolitik sichert. Doch die Revision von Versailles interessierte Hitler nur als erstes Etappenziel. Er setzt schon 1926, also lange bevor das vielzitierte Hoßbach-Protokoll vom 05. November 1937 zusammengeschrieben wird, klar auf Krieg:

> *„Der Grund und Boden, auf dem dereinst deutsche Bauerngeschlechter kraftvolle Söhne zeugen können, wird die Billigung des Einsatzes der Söhne von heute zulassen.“*

Dabei wird der künftige Kriegsgegner nicht versteckt: *„Wenn wir aber heute in Europa von neuem Grund und Boden reden, können wir in erster Linie nur an Rußland und die ihm untertanen Randstaaten denken.“* Hitler ist kein Globalisierer, kein Kolonien sammelnder Imperialist, kein Unternehmer, kein Händler. Der Handel ist für ihn verjudet, er sieht sich als Bodenpolitiker, der zwei Fliegen mit einer Klappe schlägt:

> *„Im russischen Bolschewismus haben wir den im zwanzigsten Jahrhundert unternommenen Versuch des Judentums zu erblicken, sich die Weltherrschaft anzueignen.“*

Personalersatz für die 29. Infanterie-Division im Winter 1943/44. Die „Personalauffrischung" erfolgt mit älteren, kurz ausgebildeten Soldaten.

In Hitlers Augen sind Bolschewiken Juden, Juden steuern den Kommunismus. Und Kommunisten wollen neben der Weltrevolution auch ans Kapital. Diese simple Botschaft soll Angst erzeugen. Sie tut es auch. Mit dem Kampf gegen die „jüdisch-bolschewistische Weltverschwörung" gewinnt Hitler auch im ängstlichen bürgerlichen Lager Zustimmung.

In Ernst Pipers Biografie „Alfred Rosenberg. Hitlers Chefideologe" lässt der Autor das Kapitel „Lebensraum im Osten" mit folgender Aussage enden:

> *„Wohl selten in der Menschheitsgeschichte ist Krieg intensiver von Wissenschaftlern geistig vorbereitet, begründet und begleitet und mitorganisiert worden als der deutsche an der Ostfront. Die Mitarbeit an der Eindeutschung, Umvolkung, Landnahme und Vertreibung erwies sich nur in den seltensten Fällen als ernstliches Karrierehindernis in der völlig veränderten politischen Konstellation nach 1945."*

Wenn Hitler die Zielvorgabe der Gewinnung des Lebensraumes im Osten klar und unmissverständlich frühzeitig kommunizierte, ist die Frage der operativen Umsetzung geradezu zwingend. Was schrieben also Hitler und seine Blut-und-Boden-Theoretiker zum „Praktischen"? Nun

Regimentsappell an der Ostfront bei der 29. Infanterie-Division:

war Hitler in seiner Zeit vor der „politischen Erweckung“ eher als Wiener Müßiggänger, Postkartenmaler, Männerheimbewohner und verhinderter Künstler statt als Agrarwissenschaftler und Ökonom bekannt. Schon deshalb lohnt der Blick auf seine Positionen.

I. Adolf Hitler

Als der Polithäftling Hitler „Mein Kampf“ diktiert, ist die Tinte unter dem Versailler Vertrag noch nicht ganz trocken. Auch das deutsche Siegesfeuer über den triumphalen Ostfeldzug 1917, endend mit dem Frieden von Brest-Litowsk, glimmt noch. Gemessen an dem zähen Schützengraben-Ringen im Westen und an der Alpen-Front mutete der Krieg gegen die Russen wie ein Kinderspaziergang an. Diese Einschätzungen erreichten natürlich über die Ludendorff-Kreise den Münchener Polit-Jungstern. Hitler verfügt lediglich über Angelesenes und Hörensagenwissen, wenn es um den leicht zu fällenden Riesen Russland geht. Er vertraut auf dieses „Wissen“ derart intensiv, dass er darauf die „Faust“ einsetzen will und für alle „Kampf“-Leser auf klaren Kriegskurs geht:

> *„Allerdings, eine solche Bodenpolitik kann nicht etwa in Kamerun ihre Erfüllung finden, sondern heute fast ausschließlich nur mehr in Europa. Man muß sich damit kühl und nüchtern auf den Standpunkt stellen,*

daß es sicher nicht Absicht des Himmels sein kann, dem einen Volke fünfzigmal soviel Grund und Boden auf dieser Welt zu geben als dem anderen. Man darf in diesem Falle sich nicht durch politische Grenzen von den Grenzen des ewigen Rechtes abbringen lassen. Wenn diese Erde wirklich für alle Raum zum Leben hat, dann möge man uns also den uns zum Leben nötigen Boden geben. Man wird das freilich nicht gerne tun. Dann jedoch tritt das Recht der Selbsterhaltung in seine Wirkung; und was der Güte verweigert wird, hat eben die Faust sich zu nehmen." (S. 152).

Abgesehen von der Tatsache, dass zum Zeitpunkt der Entstehung von „Mein Kampf" mit Blick auf das in Versailles zugestandene 100.000-Mann-Heer noch nicht einmal an ein „Fäustchen" zu denken war, gilt die Tatsache, dass bis 1945 in jeder Bibliothek ein jeder dieses Buch greifen und diese Aussagen lesen konnte.

Hitler wollte einen Krieg; das war sein Traum. Und alle seine Mitstreiter haben von diesem Traum gewusst.

Am 13.07.1928 hält Hitler wieder einmal eine Art Grundsatzrede. Der „Völkische Beobachter", das Parteiorgan der NSDAP, druckte die Rede am 18.07.1928 ab:

„(...) Freiheit erringen, Grund und Boden erringen, das sind unsere Ziele. Wir wollen keine Grenzkorrekturen. 10 oder 20 Kilometer verbessern nicht die Zukunft unserer Nation. Das sind niemals Ziele einer gesunden Außenpolitik. (...)"

Es ist eine Kunst, sich gleichzeitig als Oberrevisionist, der am konsequentesten das Versailler „Schanddiktat" bekämpft, bejubeln zu lassen, andererseits 1928, als die NSDAP mehr eine Splitter- als eine Volkspartei darstellte und der Krieg erst 10 Jahre vorbei war, einen klaren Expansionskurs zu fahren, der unmissverständlich Krieg bedeutet. Jeder, der sich in Deutschland und im europäischen Ausland für Politik interessierte, konnte diese Aussage lesen.

Nur wenige bekamen Hitlers zweites Buch zur Kenntnis, das nie gedruckt wurde und als Manuskript in den Archiven des parteieigenen Eher-Verlages verschwand. Doch die damalige Führungsriege der NSDAP dürfte Hitlers Politik-Gebräu gekannt haben. Der „Führer" sieht sich darin als Volksernährer, als Hungerbekämpfer und als Auswanderungsverhinderer.

Hitler wörtlich:

> *„Seit dem Jahre 1870/71 war die Volkszunahme Deutschlands eine sichtbar schnelle. Zum Teil wurde ihre Ernährung gedeckt durch den emsigen Fleiß und die große wissenschaftliche Tüchtigkeit, mit der der Deutsche nunmehr innerhalb der gesicherten Begrenzung seines Volkes seine Äcker bestellte. Allein ein großer Teil, wenn nicht der größte, der Steigerung der deutschen Bodenproduktion wurde verschlungen von einer mindest ebenso großen Steigerung der allgemeinen Lebensansprüche, die der Bürger des neuen Staates nun ebenfalls erhob."*

Man könnte es als Vorwurf verstehen, das Streben nach mehr Wohlstand, welches dem Fleiß und der Tüchtigkeit in die Parade fährt. Es ist wohl auch so gemeint, wenn er formuliert:

> *„(...) Damit blieb aber nur mehr ein Teil der Ergebnisse der Steigerung der deutschen Landwirtschaft für die reine Volkszunahme verfügbar. Tatsächlich hat auch das neue Reich die Not nie zu bannen gewußt."*

Wer nach wissenschaftlichen Belegen Hitlers für die angenommene „Not" sucht, wird nicht fündig werden. Der NSDAP-Chef führt hingegen als Beweis die „Auswanderungsepidemie" der letzten drei Jahrzehnte des 19. Jahrhunderts in Deutschland an. Diesem vermeintlichen „Beweis" schiebt er eine weitere Behauptung nach:

> *„(...) Damit aber war das Ernährungsproblem des deutschen Volkes selbst für die vorhandene Menschenmasse (...) nicht gelöst worden. Eine weitere Vermehrung der deutschen Nation konnte aber ohne eine Lösung überhaupt nicht stattfinden."*

Dass der Welthandel im ausgehenden 19. Jahrhundert geradezu explodierte, blendet Hitler wissentlich aus. Seiner Logik zufolge hätte Deutschland vor 1914 ein Volk von Hungerleidern sein müssen. Stattdessen hatte das Land – soziale Ungleichheiten außer Acht lassend –

Die 29. Infanterie-Division auf dem Vormarsch in der Sowjetunion.
Ein Bildmotiv aus dem Jahr 1941, das sich für eine Propaganda-Postkarte der Zeit eignen würde.

einen Wohlstand erreicht, den es danach nie wieder erreicht hat. Ihn interessiert die Ökonomie in keiner Weise; er versteht Wirtschaft nur als Vehikel zum „autarken" Blühen des Volkstums. Autarkie war alles. Und da zählt einzig und allein die Fläche; es geht ihm nicht um Fragen der Dreifelderwirtschaft, um Fragen des Getreide- oder Kartoffelanbaus oder um Fragen der optimalen Düngung des Bodens. Davon versteht Hitler nichts, davon will er auch nichts verstehen. Seine Vokabel ist die des Dranges. Er konstruiert eine Zwangsläufigkeit, eine Alternativlosigkeit, die er ganz allein so sieht. Drang hat etwas mit Druck zu tun. Doch den Druck erzeugt Hitler selbst:

> *„(...) Das außenpolitische Ziel der nationalsozialistischen Bewegung hat weder mit einer Wirtschafts- noch mit einer bürgerlichen Grenzpolitik etwas zu tun. Unser völkisches Raumziel wird auch in der Zukunft dem deutschen Volke eine Entwicklung zuweisen, die es niemals in einen Konflikt mit Italien zu bringen braucht. Wir werden auch niemals das Blut unseres Volkes opfern, um kleine Grenzkorrekturen herbeizuführen, sondern immer nur, um Raum für eine weitere Ausdehnung und Ernährung*

Der russische Winter in der unendlichen Tiefe des Landes. Diese fast motivlose Aufnahme zeigt den Eindruck des Soldaten von der ungewohnten, fast bedrohlichen Weite und Größe des Landes.

> *unseres Volkes zu gewinnen. Dieses Ziel drängt uns nach Osten. Was für Italien das mittelländische Meer ist, ist für Deutschland die Ostküste der Ostsee.*" (Hitler, Adolf: Hitlers zweites Buch. Ein Dokument aus dem Jahr 1928. Eingeleitet und kommentiert von Gerhard L. Weinberg. Mit einem Geleitwort von Hans Rothfels, DVA, Stuttgart 1961, S. 84 bzw. S. 206).

Hitler schwört seine Parteifunktionäre, zu denen zu diesem Zeitpunkt auch noch der später ausgekämmte sog. Strasser-Flügel zählte, zehn Jahre nach Kriegsende auf einen Krieg mit der Sowjetunion ein, um die Ernährungslage der Deutschen zu sichern, nicht, weil die kommunistische Sowjetunion als gefährliche Bedrohung der Souveränität des Deutschen Reiches gesehen wird.

Doch wie will er die „Kornkammer Europas" für die Deutschen ausgestalten? Dazu sagt er nichts.

Am 03. Februar 1933 spricht der frischgebackene Reichskanzler Hitler vor den Spitzen der Reichswehr. Zurückhaltung und ausgetüftelte Finesse waren nie Hitlers Stärken. Er lässt an einem Tag, an dem zuvorderst „vertrauensbildende Maßnahmen" angesagt wären, die Maske vollends fallen. Als Zielmarke beschreibt er wörtlich: *„Ich setze mir die Frist von 6–8 Jahren, um den Marxismus vollständig zu vernichten. Dann wird das Heer fähig sein eine aktive Außenpolitik zu führen, und das Ziel der Ausweitung des Lebensraumes des deutschen Volkes wird auch mit bewaffneter Hand erreicht werden. – Das Ziel würde wahrscheinlich der Osten sein. Doch eine Germanisierung der Bevölkerung der annektierten bzw. eroberten Lande ist nicht möglich. Man kann nur Boden germanisieren."* (zit. nach: Weber, Claudia: Der Pakt. Stalin, Hitler und die Geschichte einer mörderischen Allianz 1939–1941, München 2019, S. 28).

Derjenige Reichswehrgeneral, der solche Aussagen hörte, muss baff gestaunt haben. 1933 musste die 100.000-Mann-Reichswehr ohne nennenswerte Luftwaffe und Marine eher die paramilitärische Sturmabteilung der NSDAP (SA) im Innern fürchten oder von außen bei einem fiktiven Angriff der tschechoslowakischen Armee das sorgengetränkte Zittern beginnen. Dann kommt ein Willensmensch wie Hitler daher und erklärt, in sechs Jahren wolle er mit eben dieser Armee den Koloss Sowjetunion angreifen und Lebensraum zum Zwecke einer Germanisierung erobern.

Ob die Reichswehrspitzen Hitler an diesem Tag wirklich ernst nahmen?

Entscheidend ist, dass Hitler seine großräumige Germanisierungsfantasterei relativ offen vor den künftigen Eroberern, seiner „bewaffneten Hand", kundtut. Nur wen beauftragte er mit den Planungen dieser germanischen Neukolonisation?

1936 ernennt der Diktator Hitler seinen getreuesten Paladin, den ämter- und funktionsreichen Hermann Göring, zum Beauftragten für den Vierjahresplan. Diesen Plan glaubt er brauchen zu müssen, um Deutschland kriegs- und siegesfähig zu machen. Es muss hier nicht weiter hinterfragt werden, ob Göring hierfür die richtige Person war, ob er für die Aufgabe überhaupt Kompetenzen und Sachverstand miteinbringen konnte. Interessant, wie das Regime selbst das nicht nur politische Schwergewicht Göring auf dem Höhepunkt seiner Macht inszeniert. 1937 erscheint im parteieigenen Franz-Eher-Verlag die Biografie „Hermann Göring. Werk und Mensch", ein Propagandapamphlet der seichten Art, geschrieben von Erich Gritzbach fürs einfache wie für das ganz simpel gestrickte Volk. Schon 1940 hatte das wohlwollende Opus seine 30. Auflage erreicht.

Nun könnte man meinen, dass Gritzbach in dem Kapitel „Der Beauftragte für den Vierjahresplan" etwas zu den großen Entwicklungsperspek-

Die unendliche Weite des Landes schluckt in der Betrachtung die Ansiedlung. Einzig die Silhouette der Kirche weist auf den Ort hin.

tiven des nationalsozialistischen Deutschlands in wirtschaftspolitischer und geostrategischer Hinsicht sagt, dass der Autor diesem Chefplaner Hermann Göring etwas in den Mund legt, wohin sich sein Vierjahresplan fortentwickeln soll. Neben einer Ansammlung von nichtssagenden Worthülsen findet sich allerdings ein mehr als entwaffnendes Zitat:

> *„(...) Göring erklärt offen: „Mein Fach ist nicht die Wirtschaft. Ich bin niemals Generaldirektor oder Aufsichtsrat gewesen und werde dies auch nicht werden. Ich bin kein Landwirt, mehr als Blumentöpfe auf dem Balkon habe ich nie gezüchtet. Aber ich bin bereit, mit unbändigem Willen und leidenschaftlichem Herzen und im Glauben an die Größe des deutschen Volkes alles für dieses Volk und diese gewaltige Aufgabe einzusetzen.“* (S. 168).

Dem Diktator reicht da offenbar der nackte Wille. Biograf Gritzbach lässt diesem Göring-Zitat noch eine Untermauerung folgen: *„Wenn da mancher aus diesem Ausspruch zu lesen meinte, Göring habe sich bisher nie-*

mals mit wirtschaftlichen Fragen befasst, so ist das ein gewaltiger Irrtum. Über wirtschaftliche und unternehmerische Praxis verfügt er allerdings nicht.“ (S. 168f.). Gritzbach vermeidet es natürlich, den Vierjahresplan als Kriegsvorbereitungsplan in Szene zu setzen. Dennoch könnte man sensibel zwischen den Zeilen lesen, wenn Gritzbach notiert, es gehe nicht nur darum, die Nation unabhängig zu machen. Der Plan verfolge vielmehr einen größeren Umfang. In seinem ganzen Wesen liege es, *„daß er alle Lebensbereiche des Volkstums, das wirtschaftliche wie das soziale und kulturelle Leben, umgreift. (...) Er ist der Lebensplan Deutschlands.“* (S. 177f.). Allerdings sollte der misstrauische Leser nicht zu sehr zwischen den Phrasen die Flöhe husten hören. Hitler log, dass sich die Balken bogen. Zum anderen redete er viel und lange. Also wonach sollte man suchen, über welche Aussage sollte man intensiver nachdenken? Das war kein leichtes Unterfangen. Denn vieles von dem, was Hitler redete, wurde auch gedruckt. So dürfte der „Führer und Reichskanzler“ aus dem österreichischen Braunau der erste deutsche Politiker gewesen sein, der sich selbst perfekt medial inszenierte und der auch von seinem Apparat täglich ins mediale Schaufenster gestellt wurde. Ja selbst das damals brandneue Medium Fernsehen nutzten die Nazis für ihre Propaganda.

1942 erscheint im sog. Zentralverlag der NSDAP, Franz Eher Nachfolger in München, vom Chef der Kanzlei des Führers (KdF), Reichsleiter Philipp Bouhler, herausgeben „Der großdeutsche Freiheitskampf, II. Band, Reden Adolf Hitlers vom 10. März 1940 bis 16. März 1941“. Der „Führer“ steht aufgrund der unleugbaren Kriegserfolge auf dem Zenit seiner Macht und seines Ansehens, währenddessen die kommunistische Sowjetunion unter Diktator Stalin als Quasi-Bündnisgenosse des nationalsozialistischen Regimes fungiert. Für einen linientreuen, ideologiefesten Alten Kämpfer im Schatten der „Blutfahne“ stellt dieser Zustand so etwas wie „verkehrte Welt“ dar. Noch liegt „Barbarossa“ in der Schublade, derweil Hitler allerdings den Druck verspüren musste, diesen seinen Volksgenossen auch als tragfähige Zukunftsoption schmackhaft zu machen. Warum noch die Riesen-Sowjetunion angreifen, wenn man nach den militärischen Triumphen in fast ganz Europa der Boss war? Macht Hitler überhaupt diese Vorbereitungsversuche und Vorab-Begründungsandeutungen?

Ja, er macht sie und wird dabei vergleichsweise deutlich. So hält er am 15. Oktober 1940 vor den „Frontbauern“ eine längere Rede. Darin stechen folgende Sätze ins Auge:

Der Krieg gegen die Sowjetunion war auch ein Krieg gegen die Infrastruktur des Landes. Hier zeigt die Aufnahme aus dem Jahr 1941 eine Behelfsbrücke über einen größeren Fluss.

> *„(...) Ich möchte Ihnen nur versichern, daß aus dem heraus einmal ein Deutsches Reich entstehen wird – das ist unser heiliger Entschluß –, ein Deutsches Reich, in dem gerade der Bauer mit den Grundstein legen soll. Was wir jetzt zum Beispiel machen im größten Ausmaß, eine Siedlungspolitik, wie sie ja in der deutschen Geschichte noch nie der Fall war, geschieht ja auch aus dieser Erkenntnis der Stärkung des letzten und sichersten Fundaments unseres ganzen Volkstums, des deutschen Bauerntums. Indem der deutsche Bauer heute vielleicht unter schwersten Umständen arbeitet, erleichtert er auch sein eigenes Los für die Zukunft, und zwar, wie wir glauben, dann endgültig für Jahrhunderte. Denn aus diesem Krieg wird nicht in zehn Jahren wieder einer kommen, sondern der Krieg wird entscheiden, ob die deutsche Nation lebt oder sie eben nicht lebt.“* (S. 107f.).

Der eifrigst zuhörende bzw. der daheim in der Stube im Bouhler-Büchlein nachlesende „Frontbauer“ mag die Welt nicht verstanden haben: Worüber redet Hitler? Alle besiegt, England platt auf der Insel, wir leben doch und haben bereits die Siegeslorbeeren!? Der hat doch noch was vor. Gegen wen will der Führer diesen Überlebenskrieg eigentlich führen? Was hat das mit dieser Siedlungspolitik auf sich?

Mögen die „Frontbauern“ noch nachgrübeln, hält Hitler wenige Wochen später am 14. November 1940 in der Reichshauptstadt eine Rede an die „Frontarbeiter“. Auch diese Rede ist lang. Und auch hier eiert Hitler herum; allerdings am Ende seiner Ausführungen lässt er die „Frontarbeiter“, anders als die „Frontbauern“, kaum mehr im Unklaren. Hitler will keinen Frieden. Er zockt, wobei seine Spielkarten in Armeen gepresste Soldaten sind:

> „*(...) Und indem wir in diese Zukunftsarbeit hineinblicken, erkennen wir erst recht die Notwendigkeit, diesen Kampf durchzustehen, so oder so, bis zum endgültigen Erfolg. Und dann allerdings auch unserem Volk endlich und endgültig das zu sichern, was wir zum Leben benötigen. Wir wissen dann, es wird uns nichts geschenkt werden, aber wir haben ein Recht, zu verlangen, wenn wir schon fleißig sein wollen, daß uns auf der Erde der Platz zur Verfügung steht, auf dem wir fleißig sein können. Dazu haben wir ein Recht. (...) Das sind große Ziele.*“ (S. 146f.).

Das ist zumindest die große Katastrophe, die sich hier bei geringfügigem Nachdenken abzeichnet, das Einklagen des behaupteten Rechtsanspruchs auf mehr Platz zum Fleißigsein mit Waffengewalt. Hitlers Krieg verliert endgültig alle Leitplanken und Orientierungsmarken. Das Bouhler-Büchlein im Partei-Verlag dürfte nicht nur der innere Zirkel der Berliner Parteielite, sondern auch der kleine SA-Mann im hintersten Ostpreußen gelesen haben. Wie das Fleißigsein auf eroberter Fläche dann aussehen soll, verrät der Lebensraumpolitiker Hitler nicht.

Vielleicht finden sich zur Ost-Option des „Lebensplans Deutschland“ bei Hitlers weiteren Parteivorderen und engsten Mitstreitern erläuternde Hinweise, wie er die zu erobernde Kornkammer Europas bestellen möchte:

II. Alfred Rosenberg

Alfred Rosenberg (1893–1946) gilt gemeinhin als Chefideologe der Nationalsozialisten. Setzt man sich mit seinem Hauptwerk „Der Mythus des 20. Jahrhunderts. Eine Wertung der seelisch-geistigen Gestaltenkämpfe unserer Zeit" auseinander, sieht man den gebürtigen Deutschbalten eher als verschrobenen Partei-Winkelpropheten mit kruden Gedankenkonstrukten. Goebbels bezeichnete den „Mythus" übrigens als einen „weltanschaulichen Rülpser".

Als Lebensraumentwickler entpuppt sich Rosenberg erst auf Seite 676 seines Werkes. Dort wünscht er sich einen *„deutsch-skandinavischen Block"*, der *„Boden für hundert Millionen Deutsche"* schaffen und die *„mongolische Gefahr im Osten"* (S. 676) bannen soll.

Rosenbergs Lebensraumfantasien lesen sich wie bei Hitler und Hitlers Raumträume lesen sich wie bei Rosenberg. Es lässt sich schwer beurteilen, wie viele Leser sich durch den „Mythus" tatsächlich durchgekämpft haben. Hat man wacker durch- und ausgehalten, kann man unter den beiden Seitenüberschriften „Weltpolitische Vorschau" und „Außenpolitik und Bauernfreiheit" unzweifelhaft einen klaren Kriegskurs der NS-Führung erkennen.

In dem *„großen Daseinskampf um Ehre, Freiheit und Brot einer solchen schöpferischen Nation wie Deutschland können ähnliche Rücksichten wie bisher auf die ebenso impotenten wie wertelosen und anmaßenden Sprecher mancher Völker nicht genommen werden. Es muß Boden frei werden zur Beackerung durch germanische Bauernfäuste. Dadurch allein ist die Möglichkeit eines Aufatmens für das auf engstem Raum zusammengepreßte deutsche Volk gegeben. Dadurch aber auch die Gründung einer neuen Kulturepoche des weißen Menschen."* (S. 676f.).

Doch Beackern allein reicht nicht. Die „germanischen Bauernfäuste" brauchen eine Struktur, einen funktionierenden Agrarmarkt und vor allem Sicherheit für Feld und Hof. Wenn Boden freigemacht werden soll, muss auch die Frage beantwortet werden, wohin die bisherigen Bodeneigner und -nutzer verbracht werden und diese ernährt werden sollen. Mit der Faust allein war diese Konzeption nicht zu verwirklichen. Doch solche Detailplanung war nicht Rosenbergs Ding.

III. Richard Walther Darré

Richard Walther Darré (1895–1953) zählt zu den „Vergessenen“ der NS-Führungsriege. SS-Obergruppenführer, Reichsbauernführer, Reichsminister für Ernährung und Landwirtschaft, Leiter des SS-Rasse- und Siedlungshauptamtes, Gründer der Monatsschrift „Deutsche Agrarpolitik“ (1932) und vor allem studierter Diplomlandwirt und Diplomkolonialwirt: Darré galt als DER Agrarfachmann der Nationalsozialisten, Mitvater des Reichserbhofgesetzes und Erfinder des „Blut-und-Boden“-Begriffes, eigentlich wäre er der „Besiedlungspapst“ der Nationalsozialisten gewesen, wäre er nicht bereits zu Kriegsbeginn politisch kaltgestellt gewesen. Es mag zufällig sein, dass ihm damit ein ähnliches Schicksal wie dem Parteiphilosophen Rosenberg widerfährt, der sich allerdings erst während des Krieges in die Bedeutungslosigkeit abdrängen lässt. Während Rosenberg allerdings von den alliierten Siegern mit der Todesstrafe bedacht wird, kann Darré seinen Kopf aus der Schlinge ziehen.

Es verwundert nicht, dass auch Darré in seinem Buch „Neuadel aus Blut und Boden“ (München/Berlin 1938), geschrieben im Jahr 1930, intensiv die Germanen bemüht:

> *„Wo nun die Germanen nicht in Einzelhöfen, sondern in Dorfgenossenschaften siedelten, bildete die Bauernschaft eines Ortes eine Markgenossenschaft. Dieser Markgenossenschaft stand von Fall zu Fall das Recht zu, eine Neuverteilung von Grund und Boden im Hinblick auf das unter dem Pfluge befindliche Land vorzunehmen, (…) der Mindestumfang eines Pfluglandes konnte nie kleiner werden, als es die Ernährung des Geschlechts, dem das Pflugland zugeteilt war, erforderte.“* (S. 42).

Nun versteht der BluBo-Guru Darré unter den Germanen so etwas wie die Rein- oder Ur-Deutschen, die Gralshüter des deutschen Erbgutes. Wissenschaftlich betrachtet ist das Unsinn, gefühlstechnisch wärmen solche Sichtweisen das patriotische Herz.

Darré, in Südamerika geboren, bemüht als Gegenmodell den russischen Mir:

> *„In dieser Beziehung unterscheidet sich die germanische Markgenossenschaft ganz grundsätzlich vom russischen Mir. (…) Der russische Mir*

läßt die lebensgesetzliche Grundlage der Haushalte außer acht und berücksichtigt nur den Landhunger der Einzelnen, gleichgültig ob das dem Betreffenden zugewiesene Land ihn und seine Familie noch ernährt oder ernährt."

Nun hatte längst die Bodenreform der Bolschewisten den russischen Mir Geschichte werden lassen und durch Kolchosen ersetzt. Darré wollte aber ganz bewusst das Thema „Enteignung" nicht aktiv thematisieren:

„Es ist kein Zweifel, daß solche Besitzungen bei einem Volke, das man das „Volk ohne Raum" nennt, dem Maß gesunder Bodenverteilung nicht entsprechen. (...) Dem Verfasser liegt jederlei „Enteignungs"-Gedankenspielerei fern. (...) Aber daß im übervölkerten heutigen Deutschen Reich die Verteilung von Grund und Boden nicht mehr Grundsätzen entspricht, die sittlich zu rechtfertigen sind, ist so schwer nicht einzusehen. (...) Vor jeder Gedankenspielerei mit staatlicher Enteignung muß nachdrücklichst gewarnt werden." (S. 96/97).

Darrés neuer BluBo-Adel will keineswegs zurück zu den Zuständen des Alten Reiches, als jeder kleine Freiherr in seinem Schlösschen über seine Bauern zu Gericht sitzen konnte. Gesetzgebung und Gericht müssen bei Darrés „Adelsgenossenschaft" ausschließlich in der Hand des Staates verbleiben. Das klingt auf den ersten Blick nach dem „starken Staat", den eher sozialistische Denker bevorzugen. Doch der spätere Reichsbauernführer tritt eher für das antisozialistische Modell, die „weitgehende Selbstverwaltung", ein:

„Jede Selbstverwaltung, die sich nicht aus eigenen Mitteln aufbaut, selbstständig die volle Verantwortung für ihr Tun und Lassen trägt und diese Ämter nicht von dafür voll verantwortlichen unbesoldeten Beauftragten verwalten läßt, ist ihrem Wesen nach keine Selbstverwaltung mehr, sondern im besten Falle eine Spielerei mit dem Selbstverwaltungsbegriff."

Auch der Bauernadel brauche Führer. Und Führer müssten herangebildet werden: *„Jede richtig gehandhabte Selbstverwaltung bringt selbsttätig das echte Führertum, jenen Mann von echtem Schrot und Korn (...) an ihre*

Spitze." Darrés Selbstverwaltung baut sich von unten nach oben auf; unten installiert er den „Rat der Edelleute" als Zusammenfassung der in einer Landschaft zusammengeschlossenen „Hegehöfe". Als Zwischenstufe baut er die „Kammer der Edelleute" ein, als „Verwaltungs-Zwischenstufe" konzipiert. Etwas mittelalterlich klingt Darrés Konstrukt schon: *„Der Ratsort der Kammer ist bodenständig. Entsprechend dem Umstand, daß die Edelleute eines Gaues die Kammer sind, erhält jeder Hegehof im Ratssaal ein Gestühl."* Die Vollversammlung, die er auch den „Adelstag" nennen möchte, stellt das „Haus der Edelleute" dar (vgl. S. 107ff.).

Hätte der eroberte westrussische Raum dergestalt strukturiert werden können? Im Krieg war zuerst die Versorgungslage im Reich und an der Front sicherzustellen. Eine Bedienungsanleitung für eine gelingende Landnahme stellen Darrés Vorstellungen jedenfalls nicht dar, zumal auch Himmlers SS als „Parteiadel" im Sinne eines Ordens kaum noch einen selbst von unten organisierten Bauernadel neben sich hätte dulden können.

Darré gilt als NS-Vielschreiber. Sein 1929 geschriebenes Werk „Das Bauerntum als Lebensquell der Nordischen Rasse" erscheint 1938 bereits in siebter Auflage, verlegt in Lehmanns Verlag (München/Berlin). Als er das Buch erstmals in die Verkaufsregale bringt, ist er noch kein Mitglied der Hitler-Partei, als er aber 1934 das Vorwort zur fünften Auflage schreibt, muss er die antisemitische „Würzung" seiner Agrarutopien verstärken:

„Die Auseinandersetzung des gewaltigen Ringens zwischen germanischem und jüdischem Geiste hat heute erst begonnen und wird den kommenden Zeiten ihren Stempel aufdrücken." Es gehe ihm nicht um *„das Problem des Bauern als solchen"*, sondern vielmehr *„sein Gegensatz zum Problem des Nomadentums: und Judentum ist Nomadentum!"*

Wer Darré als fehlgelenkten Mittelalter-Spinner und Schollenphilosoph abtut, irrt gewaltig. Darrés Werke dürften Hitler direkt beeinflusst und bestärkt haben, denn das Bauernbild des gebürtigen Südamerikaners ist nicht das des friedlichen Sämanns, der muskelgestählt mit dem Pflug

Bild rechts: Der gewaltsame Tod und dessen Umgang ist integraler und beherrschender Teil des Krieges. So bestimmt der Kampf ums eigene Überleben den Alltag an der Front.

die eigene Scholle beackert. Hingegen wird dem Bild des Schwertbauern gefrönt:

> *„Unter welchen Verhältnissen wird Standhaftigkeit im Kampfe, d.h. jenes (...) Durchhalten des Kampfes, einen Wert haben? Nun, immer da, wo der Kampf notwendig wird, und das trifft zunächst nur für die Verteidigung zu. Wer nicht über den Haufen gerannt werden will, der muß bereit sein, bis zum Tode zu kämpfen. (...) Nur wehrhaftes Bauerntum ist frei.“* (S. 326).

Wenn man die schwülstig-pathetischen Töne abzieht, bleibt ein schräges Bild: Wachsen und Ernten der Frucht nehmen keine Rücksicht auf Bedrohungslagen. Sitzt der Wehrbauer morgens auf dem Traktor, führt er nachmittags Krieg und führt einen Stoßtrupp gegen Partisanen an? Was will der Bauer mit der Sense in der einen, mit dem Karabiner in der anderen Hand? Darrés Aussage, die Waffe sei *„das Kleinod des nordischen Siedlers“*, ist ins weite Reich des Blödsinns zu verweisen. Kein Bauer, der zuerst seinen Bauernhof in der eroberten Ukraine zu errichten und dann das Land zu bestellen hat, der sich dann noch berufsständisch durchorganisiert und selbstverwaltet, hat dann noch Zeit zur Kriegführung bzw. ständigen militärischen Schulung. Dazu kommt, dass Darré keineswegs nur defensiv denkt:

> *„Bei solcher geistigen Entwicklung half der Nordischen Rasse auch die in ihrem Siedlertum bedingte Entwicklung zum raumbewussten und organischen Denken mit. In dem Augenblick, wo sich der Mensch als Träger eines Schicksals fühlt, hört für ihn die Furcht auf.“* (S. 336f.).

Nun könnte man zugunsten von Richard Walther Darré anführen, dass bislang nur Aussagen des Agrarexperten aus der sogenannten „Kampfzeit“, also vor 1933, zitiert wurden und er natürlich noch keinen Auftrag seines Reichskanzlers und Führers im Postfach hatte, eine konkrete Ostsiedlung planerisch auszuarbeiten. Darum lohnt der Blick in Darrés literarisches Spätwerk, das unter dem Titel „Um Blut und Boden. Reden und Aufsätze“ im NSDAP-Parteiverlag Franz Eher in München im zweiten Kriegsjahr 1940 erschien. Denn 1940 standen alle Zeichen auf Ostsiedlung und gewaltsamer Gewinnung von Lebensraum. Doch über die

Diese Aufnahme aus dem Jahr 1941 zeigt den Zustand einer sogenannten Rollpiste in der Sowjetunion. Von Rollen kann hier keine Rede sein.

Stichwortsuche am Ende des Buches gelangt der Suchende lediglich zum Abdruck einer Aufsatzfolge aus der „NS-Landpost“ aus dem Mai 1932. Dort skizziert er (S. 344ff.) die künftige NS-Siedlungspolitik nebulös mit folgenden Worten:

> *„Um Siedler anzusetzen, braucht man (...) weder kapitalkräftige Siedler, noch Siedlungsbauten, noch sonst was, sondern man braucht zur Siedlung befähigte Menschen und einen Staat, der diesen Menschen die Möglichkeit gibt, ein genügend großes Land zum Bauernhof auszugestalten und der sie währenddessen vor Not schützt und ihnen bei unverdienten Schicksalsschlägen hilft. Auf dieser Grundlage haben die Hohenzollern ein für Europa vorbildliches Siedlungswerk in Preußen durchgeführt, und auf der gleichen Grundlage wird auch das Dritte Reich siedeln und damit gleichzeitig die Aufgabe meistern, heutige „Verbraucher ohne Kaufkraft“ zu kaufkräftigen Verbrauchern zu machen.“* (S. 355).

Nach einem Masterplan für die Besiedlung des eroberten Lebensraumes im Osten klingt das jedenfalls nicht.

IV. Philipp Bouhler

Es gab Personen im engeren Führungskreis der NSDAP, deren letzte Endstufe der Karriere-Rakete nach der Machtergreifung nicht zündete, die aber gleichsam nicht unter die Kategorie der Rohrkrepierer fallen. Philipp Bouhler, 1899 in München geboren, schafft es im Weltkrieg gerade so zum Leutnant, fängt sich aber bleibende Kriegsverletzungen ein, studiert nach dem Krieg ohne Abschluss etwas herum, bringt es zum Schriftleiter für den Anzeigenteil des „Völkischen Beobachters", um dann nach 1933, immerhin Mitglied des Reichstags und einer von 18 sogenannten Reichsleitern der NSDAP, im Staatsparteisystem Hitlers als „Chef der Kanzlei des Führers" so was wie die Privatkanzlei des Diktators zu leiten. Bouhler gehört zu den Vielschreibern des Regimes, einschränkend angemerkt jedoch, dass er eher unter die Phrasen-Posaunisten und Lobhudelei-Lakaien einzuordnen ist.

Sein Büchlein „Kampf um Deutschland. Ein Lesebuch für die deutsche Jugend" erscheint üblicherweise im Eher-Verlag und erlebt mehrere Auflagen. Bouhler ist, das merkt man schnell, beileibe kein Intellektueller. Jedoch stechen seine Ausführungen über die Raumpolitik insoweit heraus, als dass er auffallend um Faktenbezug bemüht ist:

> *„(…) Raumpolitisch ergibt sich (…) folgendes Bild, das unerbittlich die Ungleichheit und folglich Ungerechtigkeit aufzeigt, mit der heute die Länder dieser Erde unter den Völkern verteilt sind: Das Festland der Erde umfasst 133 Millionen Quadratkilometer, auf denen etwas über zwei Milliarden Menschen wohnen. Das britische Weltreich mit einem Mutterlande von 311.000 Quadratkilometer und 40 Millionen Einwohnern hat mit seinem Kolonialbesitz insgesamt einen Flächeninhalt von 34.6 Millionen Quadratkilometer mit 495,5 Millionen Einwohnern.*
> *Sowjetrußland umfasst über 21 Millionen Quadratkilometer mit 165,7 Millionen Einwohnern. Frankreich besitzt mit seinen Kolonien über 12 Millionen Quadratkilometer und 105 Millionen Einwohner. Die Ver-*

einigten Staaten von Amerika nennen fast 9,7 Millionen Quadratkilometer, auf denen 137,5 Millionen Menschen wohnen, ihr eigen. Selbst kleine europäische Staaten wie Belgien und die Niederlande verfügen über Kolonien, die ein Vielfaches der Größe ihres Mutterlandes betragen. Deutschland – ohne Österreich! – muss auf seinen 470.000 Quadratkilometern 67 Millionen Menschen ernähren! Demnach leben unter Zusammenstellung des Bodens und der Bevölkerung des Heimatlandes, der Kolonien und kolonialähnlichen Gebiete auf 1 Quadratkilometer

im britischen Weltreich	*14,3 Einwohner*
in Sowjetrußland	*7,9 Einwohner*
in Frankreich	*8,6 Einwohner*
in den Vereinigten Staaten	*14,2 Einwohner*
in Deutschland	*143 Einwohner.“*

Die Logik hinter den Fakten ist bei Bouhler so simpel aufgebaut, dass er eigentlich auf seine Erkenntnis verzichten könnte. Zumindest vermeidet er es, die Sowjetunion direkt als Ziel der nationalsozialistischen Raum-Begierde zu benennen:

> *„Während also die anderen Völker im Überfluß leben und weit mehr Lebensmittel und Rohstoffe hervorbringen, als sie selbst verwenden können, ist Deutschland auf die Einfuhr lebenswichtiger Stoffe angewiesen.“* (Bouhler 1938, S. 24).

Der Besitz an ausreichend Raum ist aber noch keine Gewähr für ausreichend vorhandene Lebensmittel und Rohstoffe. Wie will Bouhler die kleine Statistik zugunsten Deutschlands verändern? Freiwillig gibt kein Staat der Erde Territorium ab. Das weiß auch ein Pimpf der HJ. Und wie soll die Lebensmittel- und Rohstoffgewinnung mit dem Ziel der Autarkie dann organisiert werden? Der erhoffte Sieg am Ende eines Eroberungskrieges löst ja diese Frage nicht. Bouhler, der sich 1945 nach der Kapitulation durch Freitod der Verantwortung entzieht, dürfte das gewusst haben, wagt sich aber mit keiner Silbe auf das Feld der Agrar- und Wirtschaftspolitik.

V. Albert Speer

Albert Speer (1905–1981) ist der einzige der NS-Führungsriege, der nicht MIT Adolf Hitler an die Schalthebel der Macht kam, sondern DURCH Hitler in oberste Positionen der nationalsozialistischen Diktatur gelangte und auch den Krieg sowie die Nürnberger Prozesse der Siegermächte überlebte.

Heydrich oder Ohlendorf hatten keine Gelegenheit mehr, eine wohlüberlegte Autobiografie zu hinterlassen. Speer gilt als smart, intelligent und maximal auf den eigenen materiellen Vorteil bedacht. Joachim Fest und Wolf Jobst Siedler halfen bei der Neuerfindung der Figur Speer kräftig mit und verdienten dabei. Speer als Verkörperung der leistungsfähigen NS-Funktionselite, die „gute", d.h. unideologische Seite der Hitler-Diktatur: An diesem Bild strickte der Rüstungslenker Speer selbst eifrig mit. 1933 war er ein blutjunger Nobody mit NSDAP-Parteibuch, 1943 war er der blutjunge Rüstungsstar und Hoffnungsträger des Regimes. Nach 20 Jahren Haft in Berlin-Spandau mutierte der Reichsparteitags-Architekt zum Literaten und NS-Aufarbeiter. Ganz nebenbei verkaufte er drei autobiografische Werke.

Im letzten Opus „Der Sklavenstaat. Meine Auseinandersetzungen mit der SS", erschienen Stuttgart 1981, äußert er sich zur Ausgestaltung des neuen Lebensraumes im Osten:

> *„(...) Wie bei der Ausrottung der Juden wäre Himmler aber nur der Organisator dieses Sklavenreiches im Osten gewesen, das Programm selber war kein Programm Himmlers, sondern Hitlers. Im Oktober 1941 schon äußerte Hitler, es gäbe für die russischen Gebiete „nur eine Aufgabe: eine Germanisierung durch Hereinnahme der Deutschen vorzunehmen und die Ureinwohner als Indianer zu betrachten."*

Das heißt also nach Hitlers Begriffen, auf ihre Existenz keine Rücksicht zu nehmen, auch vor ihrer Ausrottung nicht zurückzuscheuen. Denn

Hitler zitierte oft das Indianerschicksal in den Vereinigten Staaten als eine durchaus gangbare Lösung der Besitzergreifung. „*Wir brauchen uns da keine Gewissensbisse zu machen*“, meinte er, „*in die russischen Städte gehen wir nicht hinein, sie müssen vollständig ersterben*“ und „*es ist mir völlig gleichgültig, was die Nachwelt von den Methoden sagen wird, die ich anwenden mußte.*“ (S. 421).

Speer brauchte Rüstungsarbeiter, keine sterbenden Indianer in Ost-Reservaten. Übrigens waren die echten Indianer Nordamerikas des 19. Jahrhunderts nomadisierende Büffeljäger, keine sesshaften Ackerbauern, die man als billige Knechte für stolze deutsche Wehrbauern in den Weiten der Ukraine verwenden konnte. Selbst in den von Hitler konsumierten Hollywood-Filmen wurde das Schicksal der Indianer „organisiert“, diese in eigene Reservate verfrachtet. Darauf geht der Ex-Rüstungsminister aber nicht ein. So nutzt er Hitlers Indianer-Bild nur dazu, das Weltfremde in Hitlers Vorstellungen zu beschreiben.

VI. Baldur von Schirach

Wenn neuer Lebensraum für die Deutschen gewaltsam erobert werden sollte, wären die ersten Nutznießer die Jugendlichen, in der Diktatur Hitlers zwangsverfasst in der Hitler-Jugend (HJ), gewesen. Eben für diese Jugendlichen gab das NS-System Mutterkreuze für Gebärleistungen heraus, denn die Mütter hatten gefälligst dem Führer mehr Kinder zu schenken.

Der Führer der Hitler-Jugend, Baldur von Schirach (1907–1974), dessen Trauzeugen übrigens Adolf Hitler und der SA-Chef Ernst Röhm waren, hätte folgerichtig diese „neue Heimat“ im Osten seinen uniformierten Schützlingen schmackhaft machen sollen. Baldur, geprägt von den Lehren des Hermann Lietz, gilt ebenfalls als schreibfreudig, so dass erwartbar wäre, dass der HJ-Führer gleichsam wortgewaltig die „germanische Scholle“ beschwört. Doch nichts dergleichen. Im Gegenteil. Wotan ist nicht der Gott, der den Weg zur Scholle im Osten weist.

Schirach gedenkt „*weder in den Wäldern Germaniens heidnische Opferstätten zu errichten und die Jugend zu irgendeinem Wotanskult zu bringen, noch das junge Deutschland sonstwie den Zauberkünsten irgendwelcher bärtiger Krautapostel auszuliefern. Im Gegenteil! Möge jeder der religiösen*

Die hässliche Fratze des Krieges: Die Leidtragenden sind auch die Zivilisten, die ihr karges Hab und Gut vor der Vernichtung schützen müssen.

Überzeugung dienen, die er vor seinem Gewissen verantworten kann. Die Hitler-Jugend ist keine Kirche und die Kirche keine Hitler-Jugend. Die von mir geführte und verantwortete Gemeinschaft wird im Sinne des Führers für den nationalsozialistischen Staat ausschließlich durch mich und meine Unterführer bestimmt werden. Und ich gebe der deutschen Öffentlichkeit das Versprechen ab, daß die Jugend des Deutschen Reiches, die Jugend Adolf Hitlers, im Sinne des Mannes, dem allein ihr Leben gehört, ihre Pflicht erfüllen wird." (Baldur von Schirach: Revolution der Erziehung. Reden aus den Jahren des Aufbaus, 2. Auflage, München 1939, S. 51).

Langemarck, die Freude am Buch, der Dichterfürst Goethe, die Grundsteinlegung der Adolf-Hitler-Schulen, die Einheit der Erziehung: Schirach äußert sich zu vielem und jedem, zum Lebensraum im Osten nimmt der HJ-Chef, der „Mein Kampf" gelesen haben dürfte, nirgends in seiner „Revolution der Erziehung" Stellung.

Machen wir an dieser Stelle einen Schnitt. 1941 ist der Krieg mit der Sowjetunion Realität, im Mai 1945 muss die Deutsche Wehrmacht bedingungslos kapitulieren. Wir kennen die Fakten, wir kennen auch die Analysen der Historiker über das Scheitern des Rosenberg'schen Ost-

Feldbestattung eines Infanteristen der 29. Infanteriedivision im Jahr 1941 irgendwo in der Sowjetunion. Nur selten gab es Gelegenheit, Gefallene auf diese Weise zu beerdigen.

ministeriums (offiziell: Reichsministerium für die besetzten Ostgebiete oder kurz RMfdbO), über das Kompetenzgerangel zwischen den Reichskommissaren, der SS und deren Ämter, dem Rüstungsministerium und der Wehrmacht, über das Erstellen und Verwerfen des Generalplans Ost, über Völkermord und Befriedung, über die Konflikte zwischen Nutzbarmachung des Landes und Befriedung auf der einen, und Ausschlachten bzw. Ausbluten zugunsten einer totalen Kriegführung auf der anderen Seite, über dogmatischen Rassismus und Ansätze des Lebenlassens. Das muss hier nicht interessieren. Darüber existieren reihenweise profunde Forschungsergebnisse. Unter dem Strich blieb der Lebenstraum Hitlers vom Lebensraum ein Traum, der in der Realität des Krieges auf der Leinwand eines brutalen Rassismus, der im Völkermord gipfelte, keine Luft zum konzeptionellen Beatmen erhielt.

War es tatsächlich ein kompletter Traum? Ein Hirngespinst? Man denke abseits der klassischen Historiker-Spur: Wenn ein „Oberlehrer" Adolf Hitler alle seine Ressortminister, Reichsleiter, Gauleiter, SS-Obergruppenführer und anderweitige Beauftragte quasi als „Schüler" in einer

In der Sowjetunion starb die Wehrmacht in Massen. Auch der Vormarsch 1941 war bereits sehr verlustreich.

Unterrichtsstunde im Jahr 1940 gefragt hätte, wer denn die Hausaufgaben gemacht hätte. Wer hat vorzeigbar das Konzept zur konkreten Ausgestaltung des eroberten neuen Lebensraumes ausgearbeitet?

Viele seiner Alten Kämpfer und Paladine hätten kleinlaut auf die Pultkante geblickt. Nur ein „Hinterbänkler“, der sich schon aufgrund seines Kosenamens „Reichstrunkenbold“ nicht zum Klassenprimus eignen würde, hätte scheu-stockend, vielleicht lallend „Ich!“ gerufen: Dr. Robert Ley, Chef der Deutschen Arbeitsfront und damit auch Chef des sogenannten „Reichsheimstättenamts“ der DAF, dessen Hauptabteilung „Städtebau und Wohnungsplanung“ in einer Auflage von 3.000 Exemplaren, aufgeteilt auf neun Hefte, eine sehr konkrete Expertise vorlegte. Looser Ley hätte überraschenderweise glänzen können, er, der in heutiger Begrifflichkeit Gewerkschafts-Chef wäre, und dessen Reichsheimstättenamt heute theoretisch unter dem Titel „Sozialer-Wohnungsbau-Konzeptions-und-Errichtungsagentur (SOWOKO-Agentur)“ firmieren könnte.

In Heft 1 der Reihe „Siedlungsgestaltung aus Volk, Raum, Landschaft“ schreibt Karl Neupert, Leiter eben dieser Hauptabteilung:

„Die Durchgestaltung des deutschen Raumes wird nach dem sich vollziehenden Aufbau des Großdeutschen Reiches einen einheitlichen Ausdruck des Kulturwillens unserer Zeit zur Folge haben.“ Angenommen, Neupert neigt nicht zu vorwortüblichen Übertreibungen und er hat sich der Lebensraum-Erschließungs-Aufgabe mit Haut und Haar verpflichtet, dann setzt sein zweiter Satz Maßstäbe: *„Die Ordnung und die Neugestaltung des deutschen Siedlungsbildes als kulturpolitische Aufgaben größten Ausmaßes werden den besonderen Einsatz des ganzen Volkes verlangen.“* Der Deutsche wird also nach Neuperts Vorstellung kein passiver Zuschauer sein, sondern mit ihm und durch ihn wird sich ein Prozess gestalten. Ihm wird etwas abverlangt werden: *„Das erfordert für die Erweiterung aller deutschen Gemeinden und für den Aufbau neuer Gemeinwesen die Anwendung einheitlicher Gestaltungsgesetze.“*

Karl Neuperts „Planungshefte“ stellen keine ideologiebeladenen Wolkenkuckucksheime dar, sondern diese großformatigen, reich bebilderten Hefte sollen *„zur Lösung dieser umfassenden Aufgabe sowohl die großen politischen und kulturellen Ziele aufzeigen als auch an Aufgaben aus der praktischen Arbeit der Planungsabteilung des Reichsheimstättenamtes die fachliche und organisatorische Durchführung darlegen.“*

Karl Neupert, Jahrgang 1910, von 1961 bis zur Pensionierung 1975 Leiter der Forschungsstelle für Siedlungsgestaltung in der Wohnungskreditbauanstalt des Landes Schleswig-Holstein in Kiel, hatte im jungen Berufsalter von 30 Jahren die einmalige und alle Dimensionen sprengende Aufgabe des Siedlungswesens erkannt:

„Die politische Aufgabe der Siedlungsgestaltung ist eine Verpflichtung größten Ausmaßes und nur zu lösen in einer vorbildlichen Zusammenarbeit aller daran beteiligten Kräfte.“ Neun Hefte produzierte Neuperts Dienststelle, möglicherweise wissend, dass gerade die „vorbildliche Zusammen-

arbeit“ verschiedener Dienststellen, Ämter und Behörden nicht zu den Stärken des NS-Regimes zählte. Es ist auch nirgends belegt, dass die Auflage von 3.000 Exemplaren auch im inneren NS-Führungszirkel bzw. der SS wahrgenommen wurde. Vielmehr dürfte es sich um propagandafreie, reine Praxishilfen für die untere Arbeitsebene handeln. Für die Ausgestaltung des neuen „Lebensraums im Osten“ wird es in Heft 5 „Das deutsche Siedlungsbild im Osten“ sehr konkret. Hier lohnt der weitere vertiefte Blick.

In der „Vorbemerkung“ belässt es Neupert beim Allgemeinplatz: *„Im vorliegenden Heft soll gezeigt werden, wie die Aufgabe der Gestaltung der deutschen Siedlungslandschaft im Osten in ihrem politischen Aufbau und in ihren baulichen Grundzügen gelöst werden muss.“* (S. 6). Doch was ist der „Osten“? Mitunter ist damit Polen gemeint, doch vermeidet es Neupert, irgendwelche Grenzen zu ziehen oder auch nur zu erwähnen. Salopp formuliert ist der Osten das, was ostwärts und unterhalb von Insterburg „geht“. Dabei ist der Osten scheinbar unbewohnt, unkultiviert, struktur- und industriefrei. Neupert möchte aber keineswegs eine zweite Industrielle Revolution in Richtung Osten bringen, auch vom Ausbeuten der Bodenschätze ist keine Rede. Urbanes Leben sieht er im Osten nicht. Vielmehr ist es – ohne diese so zu benennen – die Scholle, die er im Kopf hat und die er für die deutsche Volksgemeinschaft in Form bringen will:

> *„Die Aufgabe im Osten*
>
> *Die Geschichte des deutschen Volkes hat gezeigt, daß eine Durchdringung eines Siedlungsraumes nur dann von Bestand war, wenn dieser Raum seine Durchgestaltung von dem Bewusstsein und dem Willen des ganzen Volkes erfuhr. Der gestaltete Lebensraum wird dem deutschen Menschen zur Heimat; darin empfindet er einen Wert, der ihm neben seinem Volkstum das höchste Gut bedeutet. Aus seiner Heimatlandschaft schöpft er Kräfte für die Gestaltung seines Lebens, das ganze Volk aber findet hier die Grundlagen für die Erhaltung seiner Art und seine kulturelle Höherentwicklung.“*

Hätte Neupert intensiver über diese Zeilen nachgedacht, wäre ihm aufgefallen, dass ein Pole oder eine Polin dieses ebenso hätte formulieren können. Diese aus der Geschichte heraus entwickelte, verklärte Agrargesellschaft ist noch mehr eine Fiktion, als wenn er die Deutschen als „Volk der Dichter und Denker" zur Weltelite einer Industriewachstums- und Wohlstandsgesellschaft gekrönt hätte. Die „höhere Ordnung" gelingt eben nur den Deutschen – glaubt Neupert: *„Hieraus ergibt sich für das deutsche Volk die unbedingte Notwendigkeit, bei einer Landnahme im Osten den noch ungestalteten Raum zu einer deutschen Siedlungslandschaft zu machen. Aus dem Verhältnis des deutschen Menschen zum Raume erwächst eine höhere Ordnung, die sich in der Bildung der Volksgemeinschaft ausprägt."* Neupert glaubt an diese Kolonisation einer höheren Ordnung, aufgehend in einer deutschen Volksgemeinschaft – etwa so, wie die Spanier in der frühen Neuzeit auf die Mayas oder Inkas herabblickten: *„Die neuen Gebiete des Ostens aber erweisen eindeutig das Bild eines nicht gestalteten Raumes."*

So modernistisch bzw. revolutionär die Nationalsozialisten sich in bestimmten Bereichen zeigten, in der sogenannten Lebensraum-Frage war die „Blubo-Klatsche" offenbar in den NS-Gen-Code übergegangen. Der Bauer galt als Schlüsselwächter der schollenverhafteten Volksgemeinschaft: *„Grundlage des Aufbaues wird die aus der nationalsozialistischen Weltanschauung gewonnene Gemeinschaft des deutschen Volkes sein und die Erkenntnis, daß das Bauerntum ewiger Blutsquell ist. Die politische Ordnung bestimmt dabei den Organismus und den Aufbau der einzelnen Siedlungskörper."*

Straßenbau, Elektrizifierung, Wasserversorgung, Industrialisierung, Sicherung von Handelswegen und Absatzmärkten: All das spielt im neuen deutschen Lebensraum keine Rolle. Finde den deutschen Bauer, errichte den deutschen Hof und dann wird es gut:

> *„Durch das Zusammenfassen mehrerer Höfe entsteht die Zelle. Durch Zuordnung der einzelnen Zellen zu einer von ihnen als Keimzelle entsteht das Dorf. Mehrere Dörfer bilden das Einflussgebiet des Marktfleckens, mehrere Marktflecken wiederum ordnen sich ihren Mittelpunkt, der Kreisstadt, zu. Das Ganze stellt einen organisch aufgebauten und gegliederten Organismus dar, der als lebendige Einheit in Erscheinung tritt und das Grundelement für den Aufbau einer Siedlungslandschaft im Osten bildet."* (S. 11ff.).

Man kann es nicht genug betonen: Die indigene Bevölkerung samt vorhandener ökonomisch-gesellschaftlicher Struktur spielte keine Rolle. Es gab keine Polen, Ruthenen, Weißrussen, Ukrainer etc. mehr. Und da es sie nicht gab, musste auch nicht an ihre Ernährung, Bildung, Bedürfnisse gedacht werden. Sie waren in der großgermanischen Siedlungsplanung nicht mal als Knechte, Mägde, Hilfs- oder Zwangsarbeiter vorgesehen. Unter der Überschrift „Struktur und Organismus des Siedlungsbildes im Osten" liest man:

> *„Der neue Lebensraum muß in der Organisierung seiner sämtlichen Lebensäußerungen eine gewisse Autarkie aufweisen und darüber hinaus Leistungen für das gesamte Reich aufbringen. Es muß also ein gesundes Verhältnis zwischen bäuerlicher, gewerblicher und industrieller Besiedlung gesucht werden. Hierbei ergibt sich für die einzelnen Siedlungskörper, deren Zahl und Zuordnung zueinander folgendes Bild:*
>
> *Das Dorf setzt sich zusammen aus überwiegend bäuerlichen Familienbetrieben (Hufe), den Wehrbauern (Doppelhufe), dem Gutsbesitz, den Handwerker- und Landarbeiterstellen und erfordert eine Dorfflur, deren Durchmesser man in etwa einer Stunde durchschreitet (etwa 5km)."* (S. 28).

Was unter einem „Wehrbauern" zu verstehen ist, wird nirgends erläutert, was nicht weiter verwundert, denn nirgendwo wird erwähnt, welche staatlichen Stellen mit welchen sächlichen und zeitlichen Ressourcen diese Dörfer aufbauen werden. Planungsskizzen, wie diese Dörfer und Marktflecken aussehen sollen und wie sie in der Landschaft miteinander verbunden werden sollen, gibt es zuhauf.

Hier an dieser Stelle können nicht alle Pläne im Detail wiedergegeben werden. Deshalb soll nur exemplarisch das deutsche Dorf im Osten näher vorgestellt werden:

Dorf		
48 Bauernfamilien je 6 Köpfe		*288*
7 Handwerkerfamilien je 6 Köpfe		*42*
davon	*1 Schmied mit Tankstelle*	
	1 Stellmacher	
	1 Schuhmacher	
	1 Wirt mit Fleischerei	
	1 Verwalter des Raiffeisenlagers	
	1 Gemischtwarenladen ev Bäcker	
	1 Fischer	
20 Landarbeiterfamilien je 5 Köpfe		*100*
davon	*1 Straßenwärter und/oder*	
	1 Schmied mit Tankstelle	
	1 Gemeindediener	
	1 Waldarbeiter	
	2–3 Maurer	
	1 Zimmermann	
	1 Tischler	
6 Wehrbauern je 7 Köpfe		*42*
1 Gutsbesitzer mit Angehörigen		*8*
2 Lehrerfamilien je 5 Köpfe		*10*
1 Junglehrer oder Lehrerin		*1*
1 Gutsverwalter (ledig)		*1*
1 NSV-Schwester (ledig)		*1*
1 Försterei		*12*
	Bewohner	*505*
48 Bauern bewirtschaften 1.104 ha (je 23 ha)		*= 60 Prozent*
6 Wehrbauern bewirtschaften 360 ha (je 60 ha)		*= 20 Prozent*
		des Dorflandes

(Neupert S. 32)

An dieser Stelle lohnt es sich den Hinweis zu wiederholen, dass Neupert für die Deutsche Arbeitsfront (DAF), den Monopolvertreter der verfassten Arbeiterschaft im Nationalsozialismus und damit im Gen-Pool des Deutschen Gewerkschaftsbundes, arbeitet, nicht für den Reichsnährstand, den Monopolvertreter der Bauernschaft im Nationalsozialismus und kurz darüber hinaus. Der Reichsnährstand wird nicht erwähnt, hat auch bei den „öffentlichen und kulturellen Einrichtungen" des „Marktfleckens" kein eigenes Büro:

„Das Rathaus/ev. gemeinsam – die Sparkasse
Das Feuerlöschgerätehaus, ev. mit Bauhof
Der Bahnhof
Das Postamt, ev. mit Omnibusstation
Das Parteidienstgebäude mit Gesundheitshaus, NSV-Station
Das Feierhaus
Das Feierabendhaus mit Kino und Festsaal
Die Volksschule mit Turnhalle
Die Mittelschule mit Turnhalle
Die Hauptschule mit Turnhalle" (S. 34).

Für einen hart mit seiner bäuerlichen Existenz ringenden Kleinbauern im Westerwald, im Vogelsberg oder im hinteren Thüringer Wald mag solch eine Dorfstruktur mit Omnibusstation und Eisenbahn-Anbindung in erreichbarer Nähe durchaus attraktiv gewesen sein. Aber warum sollte er in den fernen Osten auswandern, einen „Wehrbauern" mimen und all seine Wurzeln hinter sich lassen? Was konnten die nationalsozialistischen Lebensraumausstatter an Anreizen bieten? Letztlich malt Neupert nur feinst ausdifferenzierte Wunschpläne auf. Auch wenn er die Frage des „Wie?" im (Lebens-)Raum stehen lässt, hatten die Planungen des Reichsheimstättenamtes irgendeine praktische Konsequenz?

Nun mag niemand behaupten, dass Referenten des Reichsheimstättenamtes der DAF als „Influencer" oder, um einen anderen neudeutschen Begriff zu gebrauchen, „Stakeholder" im inneren Macht- und Herrschaftszirkel der Nationalsozialisten angesehen werden können. Auch die in der sog. „Kampfzeit" machtreiche SA sah sich nach Röhms Ermordung und der damit einhergehenden Ausschaltung des eher sozialrevolutionären Strasser-Flügels der NSDAP eher am Katzentisch der Macht wieder.

Im Krieg sucht man oft in den Gesichtern von Soldaten und der Zivilbevölkerung die Emotionen und versucht deren Mimik zu deuten. Diese Personengruppe schaut auf den fotografierenden „Eroberer" in Wehrmachtsuniform.

Dennoch mühte sich auch die von Viktor Lutze geführte SA um das gedankliche Mitspielen bei Ostgermanisierungsplänen. Eigentlich mühte sich nur der 1903 geborene SA-Obergruppenführer Siegfried Kasche.

Kasche selbst habe laut Historiker Daniel Siemens erklärt, er habe bereits 1936 mit dem eingangs erwähnten Reichsbauernführer Darré Gespräche über neue landwirtschaftliche Siedlungsprojekte geführt. Der unauffällige SA-Chef und Röhm-Nachfolger Viktor Lutze betraute Kasche im Nachklapp eines Abkommens aus dem September 1938 zwischen dem Reichsernährungsministerium, dem Reichsnährstand und der SA mit dem illustren Amt des „Beauftragten des SA-Stabschefs für die Neubauernsiedlung und für Volkstumsfragen". Schließlich hatte Himmlers SS längst das „SS-Rasse- und Siedlungshauptamt" in seiner Organisationsstruktur, das übrigens auch zeitweise von Darré geleitet wurde.

Kasche rührte, machte, plante – und kam damit in Konkurrenz zur SS. Allerdings hatten sich bis zum 30.04.1941 lediglich 2.150 SA-Bauern-Ostfreiwilligen-Siedler als mögliche Ostkolonisten beworben. Nach Neuperts Reichsheimstättenplanung wären damit ganze vier Ostgermanen-Dörfer „bemannt" worden. Kasche wird dennoch belohnt mit einer Staatsstelle als Gesandter I. Klasse im kroatischen Zagreb. Hier befleckt er seine Karriere mit Blut, so dass 1947 der 44jährige gehängt wird. Für seine Schreibtischstaub-Verwirbelungsnummer „Ostkolonisation" war er damit als Zeitzeuge nicht mehr befragbar, so dass Daniel Siemens wortgewaltig den Bürostaubwirbel der SA wie folgt kommentiert:

„Auch wenn die Ansiedlung von SA-Männern im östlichen Europa letztlich nicht über Anfänge hinauskam, trugen die aus diesem Anlass propagierten nationalsozialistischen Konzepte von Rasse, Disziplin und Selbstverteidigung zur Radikalisierung der Volksgemeinschaft in den besetzten Gebieten bei." (Daniel Siemens: Sturmabteilung. Die Geschichte der SA, München 2017, S. 323, auch vgl. S. 302ff.). Das mag eine vollmundige Wertung sein, denn es mögen real bestenfalls Konzeptbausteine, ja besser Konzeptbruchstücke propagiert worden sein, die aber keine staatliche oder Parteistelle zu „einem Guss" zusammengebunden hat. Angesichts von nur 2.150 Bewerbungen kann man eigentlich nur vom Versagen der Propaganda-Künste sprechen.

Eine reine Propagandaschrift, die aufgrund ihrer Verbreitung nicht nur SA-Mitglieder gelesen haben dürften, war das Werk von Erich Reimers „Der Kampf um den deutschen Osten. Deutsches Schicksal in 3 Jahrtausenden", erschienen in 5. Auflage im Wilhelm Goldmann Verlag Leipzig im Jahr 1943. Der Tenor des Machwerks ist überraschend defensiv-zurückhaltend. Obwohl die Wehrmacht längst die Sowjetunion überfallen hat, endet das Buch ohne eine klare Zielperspektive und arbeitet sich eher am Vorbild der mittelalterlichen Ostkolonisation, kaum über Westpreußen hinausreichend, ab:

„Während also hier im Osten uralte Probleme ihrer endgültigen Lösung zugeführt werden, deutsches Siedlungs- und Kulturgebiet deutscher Obhut wieder unterstellt wird, wohnen, fern unseren Grenzen, noch zahlreiche Volksdeutsche unter fremder staatlicher Herrschaft.

Deutschland, das im Zuge des jetzt begonnenen Austausches der Volksgruppen Tausenden von ihnen die Möglichkeit bietet, den Weg ins Reich zurückzufinden, hat nicht die Absicht, sie mit Gewalt in seinen Machtbereich einzubeziehen, und doch hat sich (...) die Lage dieser deutschen Kulturträ-

ger geändert. Sie wissen, daß sie wieder stolz darauf sein dürfen, deutschen Blutes und deutschen Geistes zu sein; das Großdeutsche Reich verleiht ihnen in allen Zonen die Kraft, bei ihrem Volkstum auszuharren; nicht wenige von ihnen sind auch in die Heimat, die alle Hände zum gewaltigen Aufbauwerk benötigt, freiwillig zurückgekehrt. Sie haben nicht mehr zu befürchten, daß fremder Chauvinismus ihr deutsches Wesen ungestraft antastet; sie bleiben auch in der Ferne dem ewigen Reiche der Deutschen durch unzerstörbare Bande verknüpft." (S. 267).

Reimers preist den begonnenen „Austausch der Volksgruppen", den beschrittenen „Weg ins Reich", wo „alle Hände zum gewaltigen Aufbauwerk benötigt" werden. Hingegen wird im Reimers-Pamphlet nicht der Pioniergeist eines Wehrbauern gepriesen, der die russische Scholle mit Spaten, Pflug und Karabiner eindeutscht. Das überrascht, denn der Titel des Buches „Der Kampf um den deutschen Osten" hätte anderes vermuten lassen. Glaubte denn die eigene NS-Führungsmannschaft an den deutschen Wehrbauern, der trotz weiterer Kriegführung gegen die Sowjets am Don sein Getreide erntet? Die Frage ist zumindest vor dem Stalingrad-Debakel der 6. Armee noch zulässig. Wie trafen Ideologie und Traumbild auf die Wirklichkeit?

Ein NS-Funktionär der hinteren zweiten Reihe bringt es vom Wiesbadener NSDAP-Ortsgruppenleiter zum Chef der österreichischen Nationalsozialisten, als Person kläglich scheiternd im sog. Dollfuß-Putsch, dann in der Endkarrierestufe zum Unterstaatssekretär im Auswärtigen Amt. Niemand muss sich schämen, wenn einem der Name Theodor Habicht nichts sagt. Habicht selbst hatte bereits vor Kriegsende ebenfalls nichts mehr zu sagen, denn er fiel als Wehrmachtsoffizier an der Ostfront 1944. Aber er hinterließ ein aufschluss- und umfangreiches Tagebuch. Es gab sehr wohl eine gedankliche Auseinandersetzung mit dem Lebensraum-Traum und der gelebten Realität an der nordrussischen Front. Mitte Juli 1942 vermerkt Habicht in seinem Tagebuch:

„Wenn man ganz zu Ende denkt, was das bedeutet, kann einem warm und kalt werden. Denn was sind wir denn, wir „Vorposten Europas" und einziger Riegel, der dieser Riesenflut entgegensteht? Eine lächerlich dünne Reihe von Posten, die hinter dem Gewehr oder MG in die Nacht starren, 50 Mann auf 2 km, dahinter – mit 20 bis 50 m Abstand – ein

System von Erdhöhlen, in dem nochmals je 3–5 Mann halbschlafend liegen, das Gewehr neben der ruhenden Hand – insgesamt kaum noch 220 Mann auf 2 km, d.h. wenn sie in einer Linie ständen, auf je 10 m ein Mann – und dahinter? Nichts mehr! Keine Reserven mehr, keine rückwärtigen Stellungen, nur noch kleine Stäbe, magere Trosse und – offenes Land. (...) Aus den Aussagen russischer Gefangener und Überläufer geht immer wieder hervor, dass sie unsere HKL nur für Vorpostenstellungen halten, hinter denen in schwer ausgebauten Hauptstellungen unsere eigentliche Macht läge. Anders können sie sich das Scheitern aller ihrer Massenangriffe nicht erklären. Möge ihnen dieser Glaube nur recht lange erhalten bleiben." (zit. nach: Römer, Felix: Die narzisstische Volksgemeinschaft. Theodor Habichts Kampf 1914 bis 1944, Frankfurt/Main 2017, S. 195f.).

Der Nationalsozialist Habicht würde niemals seinen „Führer" kritisieren; er würde mit dem Wissen vom Juli 1942 ohne ausreichende Reserven niemals mehr die Sowjetunion angreifen. Bilder von einem fauststarken Wehrbauern hinter der Front kämen ihm sicher nicht in den Sinn. Möglicherweise schon im Herbst 1941 war abzusehen, dass es eine Parallelität von leidlich befriedigender Bewirtschaftung vorhandener landwirtschaftlicher Flächen, Völkermord, Zwangsarbeitereinsatz, Umsiedlung und Vertreibung, ausreichender Versorgung der kämpfenden Truppe und der Bevölkerung im Reich, einer zumindest Grundernährung der russischen Bevölkerung und dem Bild des säenden deutschen Wehrbauern am Don nicht geben würde, selbst dann nicht, wenn alle konkurrierenden staatlichen und nichtstaatlichen Stellen in den besetzten Gebieten beispielhaft miteinander kooperiert hätten.

War damit der Traum bereits beim ersten bösen Erwachen geplatzt, als beim Scheitern des „Unternehmens Barbarossa" im Winter 1941/42 im Schnee vor den Toren Moskaus der schnelle Krieg mit dem gewohnt schnellen Sieg im winterlichen Chaos blitzartig erstickt wurde? Oder wurde der Traum vom Lebensraum weiter geträumt?

Diese Schrift könnte hier enden. Doch Träume wirken länger. Werner Daitz veröffentlicht 1943 sein Buch „Lebensraum und gerechte Weltordnung. Grundlagen einer Anti-Atlantikcharta. Ausgewählte Aufsätze". Daitz (1884–1945) kennt heute niemand mehr; als Chemiker, Banker, Philosoph und Reichstagsabgeordneter, der seit 1931 in der NSDAP war,

Die Soldaten des „Herrenmensch"-Regimes treffen auf den in der nationalsozialistischen Propaganda als „Untermenschen" bezeichneten Zivilisten in Gestalt von zwei schüchternen Frauen. Solche Aufnahmen waren in der offiziellen Kriegspropaganda der Nationalsozialisten eher nicht zu finden.

galt er seinerzeit als solider, zitierfähiger Denker, der die ideologischen Hauptstränge der NS-Vorderen weiterverarbeitete. Heute würde man ihn als antidemokratischen, klugen Querdenker und Intellektuellen bezeichnen. Seine Tochter heiratete den Adjutanten von Heydrich, d.h. in der SS war Daitz bestens verdrahtet.

Daitz gibt sich als großgermanischer Europa-Stratege:

> *„Im großdeutschen Reich Adolf Hitlers erwacht das ‚Großgermanische Reich deutscher Nation' zu neuem Leben. Der bisherige großdeutsche statische Staat wird wieder die dynamische Struktur des ‚Großgermanischen Reiches deutscher Nation' annehmen. Der bisherige engräumige Verwaltungsstaat wird sich in ein Reich großräumiger und großzügiger germanischer Führung wandeln, das sich auf Männer und nicht auf Maßnahmen stützt."* (S. 149).

Aufnahme aus dem eroberten Minsk aus dem Jahre 1941. Hier wird der Grad der Zerstörung offenbar.

Überraschenderweise verfügt Daitz über deutlich konkretere Vorstellungen der Ausgestaltung des eroberten, im Jahr des Erscheinens seines Buches aber wieder verlustig werdenden Lebensraumes:

> *„Nach dem gegenwärtigen Stand beträgt nun der Anteil des Ackerlandes nur etwa 10 % des ganzen osteuropäischen Raumes, das Weideland etwa 11 %, der Wald dagegen 44 %, während 30 % Ödland sind, von dem ein erheblicher Teil durch entsprechende Wasserwirtschaft als Ackerboden nutzbar gemacht werden kann. Daß auch ein größerer Teil des Waldgebietes bei planmäßiger Forstwirtschaft (ohne den Ertrag des Waldes zu schmälern) in Ackerland verwandelt werden könnte, sei nebenbei erwähnt. – Ganz besonders unterstützt werden kann die Kultivierung dieses Raumes durch das großartige natürliche Flußnetz Osteuropas (…). (…) Außer den bekannten gewaltigen Erdschätzen dieses Raumes an Erdöl, Kohle und Mineralien sind zweifellos noch weitere große unerforschte Reserven vorhanden. Daß der russische Raum nahezu daran*

ist, der zweitgrößte Baumwollproduzent der Welt zu werden, ist den wenigsten bekannt und ebenso, daß in ihm große Möglichkeiten für den Anbau kautschuk- und ölhaltiger Pflanzen bestehen. Hierin liegen also die großen Nahrungs-, Rohstoff- und Raumreserven für den Bevölkerungszuwachs der ganzen europäischen Völkerfamilie, die ja nun nicht mehr nach Übersee abfließen kann wie im letzten Halbjahrtausend.“ (S. 160f.).

Nun vergisst der NS-Lebensraumausstatter Daitz, dass in diesem osteuropäischen Raum durchaus – und in nicht geringer Zahl – Menschen selbstbestimmt leben und weiter dort leben wollen. Mit scheinbaren Nebensächlichkeiten hält er sich nicht auf:

„Der westeuropäische Lebensstil findet nun in der Reichsidee Adolf Hitlers seinen prägnantesten Ausdruck. Der Lebensstil Osteuropas dagegen wird in der Wiederfreilegung des natürlichen Kollektivismus der verschiedenen Völkerschaften dieses Raumes als der Urform ihrer wirtschaftlichen und kulturellen Organisation seinen Ausdruck finden, nachdem er ebenfalls fast 800 Jahre lang durch den mittelasiatischen und zuletzt marxistischen Despotismus verdeckt wurde. Dadurch erst wird eine lebensgesetzliche Verzahnung West- und Osteuropas wieder möglich werden.“ So werden auch der Mir als die Urform der Agrarverfassung und das Artel als Grundform der gewerblichen Wirtschaft aus dem Chaos des Zusammenbruchs des Bolschewismus wieder emportauchen, um so mit dem in der nationalsozialistischen und faschistischen Revolution geläuterten Lebensstil Westeuropas wiederherzustellen.“ (S. 174f.).

In Klammern fügt Daitz eine nicht unwichtige Ergänzung nach:

„Natürlich wird daneben im Übergangsland, im Ostland, Weißrußland, dem ehemaligen Polen und der Ukraine, wo solches lebensstilmäßig möglich ist, an bereits bestehenden individualistischen Wirtschaftsformen festzuhalten sein.“ (S. 175).

Man muss es an dieser Stelle noch einmal betonen: Daitz war ein durchaus erfolgreicher Chemie-Ingenieur und respektabler Unternehmer, kein weinseliger Schwabinger Wirtshausphilosoph. Über sein Zielbild lässt sich trefflich diskutieren: Führung statt Verwaltung, Dynamik statt statischer Staat, schlanker Staat statt Verwaltungsstaat:

> *„Der Raumzuwachs von Osten her stellt nicht nur Großdeutschland vor neue Führungsaufgaben in ganz Europa, sondern wird zwangsläufig auch eine Auflockerung der bisherigen überaus engräumigen und damit engmaschigen Verwaltungsstruktur des Reiches nach sich ziehen. Der ganze Apparat in Verwaltung und Wirtschaft wird sich infolgedessen künftig wieder viel mehr als bisher auf Männer und nicht auf Maßnahmen und Paragraphen stützen, auf die persönliche Verantwortung und Entschlußkraft, statt auf Zuständigkeit und Vorschrift. Die europäische Revolution bedingt zwangsläufig auch eine Revolutionierung der bisherigen statischen Verwaltungsstruktur durch Einschmelzung der viel zu engmaschigen und engräumigen Ressort- und Zuständigkeitsstruktur, um so wieder eine dynamische, germanische Reichsstruktur erstehen zu lassen. – Jetzt erst kann die große Reichsreform des Führers in Angriff genommen werden: vom engräumigen statischen Staat wieder zum weiträumigen dynamischen Reich, von der Verwaltung zur Führung.“* (S. 219).

Mit dem Führer war allerdings kein Staat und auch kein Frieden mehr zu machen. Waren damit alle NS-Raumordnungs- und Lebensraummodelle für alle Zeit verschwunden? Oder könnte man – kühn gedacht – so manche Europa-Vorstellung der direkten Nachkriegszeit an die Daitz´sche Traumdeutung dranflicken?

Der fabrikmäßig organisierte Völkermord an den Juden beginnt als sogenannte „Endlösung“ mit der Wannsee-Konferenz spätestens am 20. Januar 1942, also nach dem klaren Scheitern des Blitzkrieg-Feldzuges der Deutschen Wehrmacht vor Moskau. Eine „Wannsee-Konferenz der Ostsiedlung“, bei der alle Fachleute tangierter Ressorts an einem Tisch eine gemeinsame Vorgehensweise vereinbaren, hat es nie gegeben. Weder vor, noch nach dem Moskau-Scheitern. Hitler führte aber genau deswegen diesen Krieg, um neuen Lebensraum für die Deutschen zu erobern. Warum verfolgte der sonst so willensstarke, ja verbohrte Hitler dieses Ziel, für das deutsche Soldaten täglich zu Hunderten fielen, nicht weiter?

Und warum stellt sich seit fast 80 Jahren kein Wissenschaftler diese Frage, die das Kerngerüst nationalsozialistischer Ideologie berührt? Neu-

Briefe wie der in der Einleitung zitierte des Soldaten Ries gelangten so von der Ostfront zur Heimatfront und wieder zurück. Die Nationalsozialisten wussten um den Wert der Feldpost für die Kampfmoral und sorgten sich um ein enges Netz von Feldpoststellen.

es Land zu erobern ist eines, einen wie auch immer gearteten bleibenden bzw. gleichbleibenden Nutzen daraus zu ziehen für was auch immer, ist etwas anderes. Wo sind die „Lebensraum-im-Osten"-Propagandaschriften, mit denen das niedere Partei-Fußvolk auf vermeintliche Kernziele des Regimes eingeschworen wurde? Niemand wird behaupten können, dass die auf die braune Linie eingenordete schreibende Zunft unproduktiv und unkreativ gewesen war. Mit Gedrucktem zum Antibolschewismus ließen sich Regale füllen. Zugegeben. Doch der ideologische Grabenkampf, der von den Nazis mit Inbrunst geführt wurde, ist das eine, eine praktische Geopolitik als hinführende Rechtfertigung einer aggressiven Außenpolitik ist das andere. Gerade die Jugend, die man über das HJ-System massiv bearbeiten konnte, hätte man ja vorbereiten können.

Luise Fick, die spätere Ehefrau des SS-Hauptsturmführers und Siedlungsplaners des SS-Rasse- und Siedlungshauptamtes, Alexander Dolezalek, promovierte über „Die deutsche Jugendbewegung“, erschienen im Eugen Diederichs Verlag Jena 1939. Hier könnte man am Ende ihrer tiefbraun eingefärbten, aber auch faktenreichen Dissertation etwas zur Perspektive einer deutschen Jugendbewegung, natürlich kanalisiert in der HJ, erwarten. Luise Fick, wenn ihr etwas in die Feder zum vermeintlichen neuen Lebensraum für die deutsche Jugend im Osten hineindiktiert wurde, hält sich sichtlich zurück:

„Die Gemeinschaft – nicht der Einzelne – ist das Entscheidende. Wir wollen nicht gefügige Masse, sondern gefügtes Volk. Wir sehen das Volk in seiner Gesamtheit: 1. Im räumlichen Sinne: Über die Staatsgrenzen hinweg wird die deutsche Jugend und das deutsche Volk ergriffen. An Stelle des etatistischen Denkens des 19. Jahrhunderts tritt ein deutsches Volks- und Staatsdenken. 2. Im sozialen Sinne: Für die Auslese entscheiden allein Erbgut, Leistung und innere Zugehörigkeit, nicht Stand, Rang oder Besitz. Wir überwinden die Klassengegensätze durch die Gemeinschaft des Volkes. 3. Im zeitlichen oder Tiefensinne: Vergangenheit und Zukunftsmöglichkeiten des Volkes werden in der Gegenwart miterlebt, um dem ‚werdenden Volk‘ zu dienen. Volk ist der höchste irdische Wert.“ (S. 223). Der geneigte Leser soll also völkisch über Staatsgrenzen hinweg denken. Ob er da an die Kornkammer der Ukraine fürs vermeintlich wachsende Deutschtum denkt, darf bezweifelt werden.

Natürlich gibt es unter Historikern eine Debatte, ob die „Lebensraumpolitik“ eher als Siedlungspolitik oder als Ressourcenpolitik für die weitere Kriegführung der Nationalsozialisten zu verstehen ist. Christoph Diekmann betont 2017 etwa in seinem Aufsatz „NS-Lebensraumideologie und deutsche Besatzungsrealität“:

> *„Der Kampf gegen den „jüdischen Bolschewismus“ und die Eroberung von ‚Lebensraum im Osten‘ waren zwar Kernziele der deutschen Kriegführung, sie reichen jedoch keineswegs aus, um die enorme Eskalierung der Massengewalt einschließlich der Shoa plausibel zu erklären.“*

Diekmann redet im weiteren Verlauf der „Erhaltung der Kriegsführungsfähigkeit NS-Deutschlands“ das Wort (Diekmann, Christoph: NS-

Abbildung rechts: Das Lenin-Denkmal vor dem Parlamentsgebäude in Minsk kurz nach der Einnahme der Stadt durch die Wehrmacht im Jahr 1941.

Lebensraumideologie und deutsche Besatzungsrealität, in: Jahn, Peter/ Wieler, Florian/Ziemer, Daniel (Hg.): Der deutsche Krieg um „Lebensraum im Osten" 1939–1945, Bonn 2017, Ausgabe für die BpB, S. 71–72).

Ulrich Teusch bringt 2019 im Frankfurter Westend-Verlag sein Buch „Der Krieg vor dem Krieg. Wie Propaganda über Leben und Tod entscheidet" heraus. Auch Teusch quält sich bei der Benennung der Hitlerschen Kriegsziele etwas herum:

> *„(...) Die systematische physische Vernichtung (der Juden, Anm. d. Verfassers) war zwar zweifellos im rassistisch-antisemitischen Fanatismus des NS-Staates angelegt. Dass sie aber dann tatsächlich praktiziert wurde, war nicht von vornherein geplant, sondern hing eng und ursächlich mit dem unerwarteten Verlauf des Kriegs zusammen. Schon mit ihrem Überfall auf Polen, so der Princeton-Historiker Arno J. Mayer, verfolgten die Nazis keineswegs die Absicht, die zweitgrößte jüdische Bevölkerungsgruppe Europas in ihre Gewalt zu bekommen, um sie später auszurotten. Mit der Okkupation Polens wollte Hitler vielmehr den ersten Schritt zur Eroberung deutschen Lebensraums im Osten tun. Überdies waren diese ersten Pogrome und Repressionen gegen die polnischen Juden eng mit Unterdrückungsmaßnahmen gegen die übrigen, christlichen Polen und mit der systematischen Knechtung dieses Volkes verknüpft. (...)"*

Teusch lehnt sich weit aus dem Fenster: *„Es ist fraglich und eher unwahrscheinlich, dass die Vernichtung der europäischen Juden das ‚eigentliche Kriegsziel' Hitlers gewesen ist."* (Teusch 2019, S. 51).

Selbst wenn diese Behauptung unkommentiert bleibt und der Antrieb zu neuem Lebensraum das Hauptmotiv der kriegerischen Gewaltexplosion Hitlers darstellt: Es ist völlig egal, ob ich für raumgreifende Volksgenossen einer vermeintlich eingeengten nationalsozialistischen Herrenrasse oder für die weitere Kriegführung seines Militärs einen alle Dimensionen sprengenden Krieg vom Zaune breche. Ich muss das, was ich beabsichtige, auch organisieren, Strukturen anlegen, Verantwortungen klären.

Hier bleibe ich bei meiner Frage, warum es im NS-Herrschaftsapparat keine große ressortübergreifende Planung, keine konzertierte Aktion gab, obwohl es hinreichende praktische Erfahrungen – Stichwort Kolonialismus, auch jenseits von Deutschland – gab, wie man sich große Territorien aneignet und systematisch zum eigenen Vorteil ausbeutet.

Das „Dritte Reich“ wiederentdeckte die ehemaligen deutschen Kolonien, überflutete den Buchmarkt mit Kolonialliteratur. Doch die Rückgabe der Kolonien war niemals ein wirkliches Thema der NS-Außenpolitik. Man nutzte das Kolonialthema als Vehikel der Lebensraumpolitik. Carl Peters, einer der Helden der kolonialen Ausdehnung, war zum Zeitpunkt der „Machtergreifung“ längst tot. Er starb bereits 1918. Im Kriegsjahr 1940 druckt man dann das Buch „Dr. Carl Peters: Wie Deutsch-Ostafrika entstand! Persönlicher Bericht des Gründers“ (Leipzig 1940). Peters′ letzte Worte sind für die Nationalsozialisten die eigentliche politische Botschaft:

> *„Aber vielleicht lernen die Deutschen aus diesen Erlebnissen für die Zukunft, weiter und größer zu denken; und vielleicht geht auch ihnen die tiefe Wahrheit einmal auf, dass die Gesinnungen es sind, welche die geschichtliche Stellung der Nationen letzten Endes bestimmen. Ein kleinlicher Geist, Neid und Unbilligkeit werden den Entwicklungsdrang jeden Volkes stören. Die Größe Roms hatte ihre letzte Wurzel in den Tugenden seiner Bürger, in der Billigkeit und Ehrlichkeit, welche die Gesamtheit dem einzelnen zuteilwerden ließ, welcher ihrem Interesse diente. Geschenkt wird auch den Völkern nichts, sondern alles muss verdient werden.“* (S. 154).

Weiter und größer denken, sich mit dem Römischen Reich vergleichen und sich die Größe verdienen, sprich erobern. Noch einmal: Wenn dieses das Mega-Master-Superziel Hitlers war, diese Zielvorgabe kleindekliniert auch über den Propagandaapparat ins Volk gestreut wurde: Wo blieb die konkrete Routenplanung? Roms Staatsgefüge war schließlich organisiert. Für die Kriegsvorbereitung mittels Vierjahresplan hatte Hitler seinen seinerzeit einflussreichsten Paladin Göring inthronisiert. Für das Kriegsziel bzw. den Kriegsgewinn „Nutzung des Lebensraumes“ gab es weder einen Vierjahresplan noch eine verantwortliche Person. Abschließend sei die Frage noch einmal wiederholt: Warum war das so und warum stellt sich kein Historiker diese naheliegende Frage und sucht diese zu beantworten? Oder wird versucht, der Beantwortung aus dem Wege zu gehen? Denn eigentlich ist die Frage derart naheliegend, dass man eigentlich die Frage nicht mehr explizit formulieren, sondern gleich die Beantwortung versuchen müsste.

Golo Mann, einer der Titanen der deutschen Geschichtsschreibung, macht es sich ganz einfach. Er spricht von *„gar nicht durchführbaren Knabenträumen"*. Die Herausforderung, die jeweiligen Staatsvölker auf hohem Lebensstandard auch ernähren zu können, habe es 1939 sowohl für die Deutschen als auch für die Engländer, Italiener oder Japaner ebenso gegeben. *„Aber so ließ es sich nicht lösen. Tatsächlich leben die Deutschen im Moment, in dem dies niedergeschrieben wird (1958), ungleich besser, als sie zu der Zeit lebten, da Polen und die Ukraine und die Balkan-Halbinsel von ihnen ausgeplündert wurde."* (Golo Mann: Deutsche Geschichte des 19. und 20. Jahrhunderts, 15. Auflage, Frankfurt/Main 1958, S. 898).

Ein anderer Vertreter der Historiker-Zunft, Helmut Diwald, vertritt die These, Hitler habe seit dem ersten Schuss 1939 „lediglich ein einziges Kriegsziel" gekannt, *„nämlich den Krieg zu gewinnen, gleichgültig unter welchen Verlusten, mit welchen Mitteln, mit welchen Erfolgen oder Eroberungen."* (S. 153). Diwald will von dem gesamten ideologischen Überbau nichts wissen. Das ist für ihn Fassade, Mumpitz, Ablenkungsmanöver – wie auch immer. *„Alles, was sich mit den Formeln wie „Lebensraum im Osten", „unausweichlicher Existenzkampf gegen den Bolschewismus", „Ausbreitung der germanischen Herrenrasse" und ähnlichen programmatischen Rastern verband, ist im Zweiten Weltkrieg weder Anlass des Krieges noch sein bestimmendes Ziel gewesen."* Diwald hängt dem Glauben an, dass Hitler wie Napoleon dem Plan aufgesessen sei, gegen England nur vor den Toren Moskaus zu siegen oder zu verlieren.

Wo die Deutsche Wehrmacht „sieg- und glorreich" eroberte, ging dies mit einer maximalen Zerstörung einher. Das Leid der sowjetischen Bevölkerung war immens. Bilder wie dieses bringen wir meist nur mit zerbombten deutschen Städten der letzten beiden Kriegsjahre in Verbindung.

Doch der Kriegsgewinn hängt an den Reserven. Ohne Ressourcen geht jeder Offensive die Puste aus. Diese Erfahrung hatte, wie auch Diwald weiß, schon Napoleon gemacht. Also doch: Warum gab es keine konkrete Lebensraum-Ausnutzungsplanung im Hitler-Staat? Nach Golo Mann und Helmut Diwald haben sich noch Bataillone an Hitler-Biografen an dem Braunauer Sozialisten, Nationalisten, Pseudo-Revanchisten und Antisemiten versucht. Brendan Simms, ein international geschätzter, um Zuspitzungen nicht verlegener Cambridge-Historiker, bringt 82 Jahre nach Hitlers Fortsetzung „seines" Weltkrieges ein 1.056 Seiten starkes

Wo die Deutsche Wehrmacht „sieg- und glorreich" eroberte, ging dies mit einer maximalen Zerstörung einher. Das Leid der sowjetischen Bevölkerung war immens. Bilder wie dieses bringen wir meist nur mit zerbombten deutschen Städten der letzten beiden Kriegsjahre in Verbindung.

Werk „Hitler. Eine globale Biografie" bei DVA auf den Büchermarkt.

Simms wagt die These, dass für Hitler Angloamerika und der internationale Kapitalismus der Hauptfeind darstellt. Den Bolschewismus betrachte Hitler lediglich als *„Virus, dessen Ausbreitung Deutschlands nationale Wirtschaftskraft zertrümmern und damit reif für die Übernahme durch die Kräfte des internationalen Kapitalismus machen würde."* In Hitlers NSDAP-Parteiprogramm stand prominent und für Wähler attraktiv die Forderung nach der „Brechung der Zinsknechtschaft". Insoweit sei Hitlers geopolitischer Ansatz nicht als Gegenentwurf zu den Bolschewiken im rückständigen, agrarischen Russland zu verstehen, sondern zu „Angloamerika als Inbegriff der Modernität". Für Simms fand Hitler *„die schiere Weite Nordamerikas überwältigend. Die Zukunft gehörte seiner Ansicht nach den Riesenstaaten; er sprach bewundernd vom amerikanischen Koloss mit seinen enormen Reichtümern. Als Hauptgrund für die Stärke der USA hatte er die Demografie ausgemacht, da der Kontinent durch ‚nordische' Elemente erschlossen worden sei. Pläne wurden entworfen, um diese angeblich wert-*

vollen rassischen Elemente zurückzuholen oder gegen deutsche Juden auszutauschen. Hitler stand ja vor dem Paradox, dass seine Eroberungen für ein ‚Volk ohne Raum' zu einem ‚Raum ohne Volk' führten."

Simms nimmt das Bild von Golo Mann und den „Knabenträumen" Hitlers nicht auf: Hitlers *„Vorbild und sein Feindbild war Angloamerika. Sein Projekt des ‚Dritten Reiches' war seine Antwort auf die Vorherrschaft der Briten, der Amerikaner und des globalen Kapitalismus"*. Mit einer aktiven Geopolitik hätten die Deutschen quasi Muskelmasse im überseeischen Kräftemessen zugelegt; so sei Hitler überzeugt gewesen, *„dass man den Boden germanisieren könne, nicht die Menschen. Er schwankte gelegentlich etwas zwischen dem britischen und dem amerikanischen Modell der Kolonisierung: unterworfene Rassen wie in Indien oder Besiedlung des gewaltsam geräumten Territoriums wie in Nordamerika? Letzterem gab er eindeutig den Vorzug."* Leider stellt der SPIEGEL-Redakteur Simms nicht die Frage, warum Hitler dann für diese Indianer-Blaupause keinen Plan hatte so wie er konsequent den Krieg, seinen Krieg, dafür geplant und vorbereitet hatte.

Simms verortet Hitlers Nationalsozialismus (wieder) deutlich links, betont die zweite Wortsilbe der Ideologiebezeichnung. Dabei führt er zugestanden äußerst gewagt als Beweis Hitlers Judenfeindschaft an. Das, was auf der Wannseekonferenz im Januar 1942 von den braunen Schreibtischmördern als „Endlösung" bezeichnet wurde, ist für den Cambridge-Professor „untrennbar verbunden" mit der Feindschaft Hitlers „gegenüber der globalen Hochfinanz": *„Der Holocaust war in seiner paranoiden Vorstellung von der Macht des ‚Weltjudentums' ein Präventivschlag gegen Roosevelts Amerika, das er als dessen vermeintliches Instrument sah. Wer nicht über Hitlers Antikapitalismus reden möchte, sollte über seinen Antikapitalismus schweigen."* (vgl.: „Hitler marschierte nach Osten, weil er den Westen im Blick hatte", S. 117–119, in: SPIEGEL Nr. 10 vom 29.02.2020). Simms kannte sicher das Werk von Andrew Roberts, das die Landeszentralen für politische Bildung Deutschlands unter dem Titel „Feuersturm. Eine Geschichte des Zweiten Weltkrieges", München 2019, ihrem Publikum abgaben. Roberts behauptet darin, dass *„eines der Hauptziele, das Hitler mit dem Überfall auf die Sowjetunion verfolgte, war, Großbritannien aller Hoffnungen auf Beistand durch Verbündete zu berauben und so zum Friedensschluss zu zwingen."* Als Belege für seine These zitiert er aus Franz Halders Kriegstagebuch vom 13. Juli 1940 sowie aus einer Rede Hitlers vor Generälen auf dem Berghof, die er zweieinhalb Wochen später hielt: *„Ist aber Russland zerschlagen, dann ist Englands letzte Hoffnung getilgt. Der Herr Europas und des Balkans ist dann Deutschland. Entschluss: Im Zuge dieser Auseinandersetzung muss Russland erledigt werden.*" (Andrew Roberts 2019, S. 204). Mag sein, dass Roberts Simms Interpretation beeinflusst hat. Der Schatten des einst großen britischen Empires ist gerade für angloamerikanische und erst recht britische Historiker lang und mächtig, so dass sich solche Thesen durchaus berechtigt vertreten lassen. Doch lenken auch diese von der eigentlichen Kernfrage ab: Warum schicke ich 1941, nachdem ich, meine Kräfte zersplitternd, Truppen nach Jugoslawien, Griechenland und Nordafrika entsandte, die Wehrmacht nun auf Napoleons Spuren in die Tiefe Sowjetrusslands hinein? Worin sollte der „Gewinn", der „Mehrwert" eines gewonnenen Russland-Feldzuges liegen? Bloßer Landbesitz, das wussten alle europäischen Kolonialmächte seit Jahrzehnten, kostet eher als dass dieser über das Prestige hinaus etwas einbringt.

Lebensraumträume als antikapitalistischen Überlebenskampf der Deutschen: Insbesondere dann, wenn ich als Staatslenker „mein" Volk durch einen brutalen, in der Geschichte einmaligen Eroberungs- und Vertreibungskrieg überleben lassen möchte, entwickle ich doch eine genauere Vorstellung darüber, wie dann das Überleben praktisch bewerkstelligt werden kann, zumal mein vermeintlicher Erzfeind das „plutokratische, jüdisch durchdrungene Großkapital" sein soll. Für diese Frage mag Simms die geistige Flughöhe zu niedrig sein; dessen Verdienst liegt zuerst einmal darin, den Lebensraum-Träumer Hitler aus dem „Großkapital-Turm", der gemeinhin dem konservativen politischen Lager zugeordnet wird, heraus zurück ins freie Feld der Interpretation gestellt zu haben. Hitler alleine als kryptokapitalistischer, lesefreudiger Ziehsohn von Krupp, Quandt und IG Farben zu sehen, war und ist sicher zu eindimensional.

Das „Unternehmen Barbarossa" liegt 2021 80 Jahre zurück und dazwischen liegen gute 75 Jahre Geschichtsschreibung, in denen nach dem tieferen Sinn des Beschreitens dieser Napoleon-Spur bis heute gesucht wird. Eine Erklärung jedenfalls, sofern eine solche überhaupt gewollt ist, liefern die weiterhin inflationär gebrauchten Begriffe „Lebensraumkrieg" oder „brutaler Vernichtungs- bzw. Weltanschauungskrieg" kaum.

Bereits 12 Jahre nach dem Beginn des „Unternehmens Barbarossa" schlug die Stunde der Apologeten. Unter dem bedeutungsschwangeren

Titel „Bilanz des Zweiten Weltkrieges. Erkenntnisse und Verpflichtungen für die Zukunft“ (Oldenburg 1953, Gerhard Stalling Verlag) zogen namhafte Ex-NS-Politiker und Ex-Wehrmachtsgeneräle wie Hans Kehrl, Albert Kesselring, Lothar Rendulic, MdB Hasso von Manteuffel oder Graf Schwerin von Krosigk „Bilanz“, um sich unter diesem Terminus im Todesjahr Stalins in der heißen Phase des Kalten Krieges zu rechtfertigen, zu entbräunen bzw. ins rechte Licht zu rücken oder um ein paar Bausteine dem eigenen Ruhmesdenkmal hinzuzufügen. Deutsche Kriegsgefangene saßen noch in den Lagern der Sowjetunion und die Weltlage sah insgesamt so aus, dass man das besetzte, demokratische Westdeutschland für einen eigenen Verteidigungsbeitrag gegen die reale kommunistische Bedrohung brauchen könnte. Da passten die dosierte Heldenpflege und die „Wir wollten nur Gutes!“-Predigten gut zum damaligen bundesrepublikanischen Zeitgeist. Nicht zwingend interessant sind deshalb die Ausführungen des Ex-Staatssekretärs im Reichsernährungsministerium und Diplom-Landwirts Hans-Joachim Riecke, bis 1945 ein strammer Nationalsozialist und nach 1945 sich für sein unsägliches Wirken vor keinem Gericht verantworten müssend. Fast würde man es überlesen, wenn Riecke unter der Zwischenüberschrift „Europäische Agrarplanungen“ Folgendes schreibt:

„(...) In Berlin wurde 1942 ein Institut für Europäische Landbauforschung und Ernährungswirtschaft gegründet, dessen Hauptaufgabe es im Kriege war, den unsinnigen Vorstellungen der politischen Führung über die Leistungsfähigkeit der besetzten Gebiete durch die Erarbeitung objektiven Zahlenmaterials zu begegnen. Außerdem entstanden hier konkrete Pläne für ein arbeitsteiliges Zusammenwirken der europäischen Landwirtschaften auf Grund der natürlichen Produktionsstandorte und der gegebenen Absatzbedingungen.“ Wie konkret und lebenstauglich das Wirken dieses erst im dritten Kriegsjahr gegründeten Instituts tatsächlich war, sei dahingestellt. Mit Blick auf die besetzten Gebiete in der Sowjetunion, dem neuen „Lebensraum“, trifft Riecke allerdings im direkten Anschluss eine beachtenswerte Aussage: *„Aus dem Agrarsektor heraus wurde auch in Gestalt der Agrarordnung, die eine systematische Auflösung der Kolchosen bringen sollte, der einzige Gedanke von praktischer Bedeutung zur friedlichen Gewinnung der Bevölkerung in den besetzten Gebieten Sowjetrusslands geboren.“* (S. 341). Bei Riecke, und er müsste es aufgrund seiner herausgehobenen Position im NS-Staatsapparat zwingend wissen, klingt es jedenfalls nicht

danach, dass vor „Barbarossa“ sich irgendjemand in den Berliner Ministerien ernsthafte „Gedanken von praktischer Bedeutung“ gemacht hätte, wie man den eroberten „Lebensraum“ strukturieren und nutzen wollte. Rieckes Aufgabe war es acht Jahre nach dem Zusammenbruch auch nicht, den tieferen Sinn für das Beschreiten der Napoleon-Spur zu suchen.

Angesichts der Langlebigkeit von Geschichtsbildern ist die Suche heute nicht überflüssig geworden. Wenn sich Hitler möglicherweise tatsächlich als verbogener „Linker“ eingeredet hat, dass er auserkoren sei von der Vorsehung, die Speerspitze zu bilden, um Deutschland und Europa aus dem Würgegriff der internationalen kapitalistischen „Plutokratie“ zu befreien, dann könnte das „Unternehmen Barbarossa“ eine gewisse Sinnhaftigkeit erlangen, denn Hitler sah die USA als die Giftspinne des Netzes der internationalen „Plutokratie“. Und die war bekanntlich eine Industrie- und eben auch eine Agrarmacht. Nur: Dann hätte Hitler auch als Agrarmacht aufrüsten und wenigstens irgendeine Gesamt-Wirtschaftsstruktur in den eroberten Gebieten Europas etablieren müssen. Dafür fehlte der nationalsozialistischen Bewegung insgesamt der strategische Wirtschaftskopf.

FAZIT

Wer über Gefallenenzahlen im Zweiten Weltkrieg redet, muss zuerst eingestehen, dass alle Zahlen unter Vorbehalt stehen. Das Sterben in Kriegen verläuft selten bürokratisch geordnet, so dass alle Opferzahlen, seien es Uniformierte und Zivilisten aller betroffenen Nationen gleichermaßen, bestenfalls Richtgrößen darstellen. Gesichert kann angenommen werden, dass über 3,8 Millionen Deutsche an der Ostfront ihr Leben ließen, weit mehr als zwei Drittel sämtlicher gefallenen deutschen Soldaten im Zweiten Weltkrieg. Immerhin 800.000 von ihnen fielen in den letzten vier Kriegsmonaten.

Die deutsche Armee hat an der „Ostfront" selbst in den kampfschwächeren Phasen durchschnittlich drei vollständige Divisionen pro Monat als Verlust abschreiben müssen. Im Regelfall hingegen lag die Verlustrate bei ca. 120.000 Mann, was dem Personalumfang von einer ganzen Armee entspricht. Spitzen nach oben gab es auch: Im September 1944 hatte die Gefallenenzahl von 426.159 Mann den Umfang einer ganzen Heeresgruppe erreicht. Wie gravierend diese Zahlen in den Statistiken der Wehrmacht zu Buche geschlagen haben müssen, zeigt eine zulässige Vergleichsgröße: Die Zahl der wehrfähigen Männer pro Geburtsjahrgang lag in Deutschland zwischen 400.000 und 500.000 Mann. Demnach ist die Aussage erlaubt, dass im Osten nach ca. 3 bis 4 Monaten ein ganzer Geburtenjahrgang „verheizt" wurde, um hier die Soldatensprache zu benutzen.

Insgesamt sind vermutlich 3,5 bis 4 Millionen deutsche Wehrmachtsangehörige an der Ostfront ums Leben gekommen oder in sowjetischer Gefangenschaft gestorben. Bezogen auf die Gesamtverluste von 5,3 Millionen sind dies zwei Drittel bis drei Viertel aller deutschen demografischen Verluste, eingedenk der Tatsache, dass die „Ostfront" derjenige Kriegsschauplatz war, auf dem am längsten gekämpft worden ist. Statistische Unschärfen sind, um es nochmals zu betonen, auch deshalb unbedingt einzuräumen, denn Mehrfachverwundungen eines einzigen

Soldaten und damit Mehrfachausfälle wurden mitgezählt, auch wenn dieser letztendlich vom Kriegsgegner am Ende nur „einmal“ tödlich getroffen werden sollte.

2.077 Tage dauerte der Zweite Weltkrieg. Im Durchschnitt ließen in jeder Stunde von Hitlers Krieg 1.000 Menschen ihr Leben, davon waren 100 deutsche Soldaten, insgesamt etwa fünf Millionen von etwa 18 Millionen Personen, die zwischen 1939 und 1945 eine deutsche Uniform trugen. Von den deutschen Männern der Jahrgänge 1921 bis 1927 starben knapp 32 Prozent, also fast jeder Dritte. Fast ebenso hohe Verluste, zwischen 27,1 und 29,6 Prozent, trafen die Jahrgänge zwischen 1906 und 1920. Von den körperlich und seelisch versehrten Soldaten soll hier gar nicht geredet werden. Sie alle waren Opfer von Hitlers Krieg, ganz abgesehen vom unermesslichen Leid und Verlust, den die deutschen Soldaten in anderen Nationen hinterlassen haben.

Die 62jährige Witwe Anna Ries, am 09. März 1945 in der Sulzbacherstraße 8 in Frankfurt am Main ausgebombt, interessieren diese Statistiken nicht. Sie will wissen, ob ihre Söhne den Krieg überlebt haben. Wie gesagt: Ein Sohn galt als vermisst in Stalingrad, ein anderer Sohn, Heinrich Ries, wurde ebenfalls an der Ostfront vermisst. Kurz vor Weihnachten 1951 erhielt die Mutter von einem Bruno Wehrmeister aus Hannover einen Brief, der in dieser Form während des Krieges und lange danach unzählige Mütter erreicht hat:

„Sehr geehrte Frau Ries!

Lange Jahre nach Kriegsschluss sollen Sie mit Hilfe des Deutschen Roten Kreuzes nun doch Gewissheit über den Verbleib Ihres Sohnes Heinrich haben. Leider kann ich Ihnen, werte Frau Ries, nur den Tod Ihres Sohnes, den ich sehr gut kannte, bestätigen. Ich spreche hierzu nachträglich mein tiefstes Empfinden und mein allerherzlichstes Beileid aus.

Mitte Januar 1945 kam Heinrich, der vorher in der Auswertung der Schallmessbatterie der Beobachtungsabteilung 39 war, zum Infanterieeinsatz in einem Waldabschnitt bei Kranz (Ostpreußen), den wir zu verteidigen hatten. In einer Entfernung von ca. 50m lagen wir voneinander. Er teilte sein Schützenloch mit einem anderen Kameraden unserer

Batterie. Am letzten Tage des Einsatzes in diesem Walde mussten wir uns nach 14-tägigem Kampfe Anfang Februar 1945 vom Feinde wieder absetzen. Auf meinen Zuruf machte sich keiner von beiden mehr bemerkbar, sodass ich hinüberkroch, um nachzusehen, was passiert war. Ich konnte mich aber nur noch von dem Tode der beiden Kameraden überzeugen, die vermutlich durch Granatsplitter gefallen waren. Ich nahm ihnen die Erkennungsmarken ab, da wir alle Gefallenen zurücklassen mussten. Ich selbst stieß infolge Verwundung Anfang April 1945 wieder zur Einheit der Beobachtungsabteilung 39, wo ich von dem Tode Ihres Sohnes und dessen gefallenen Kameraden als einziger Zeuge berichten konnte. Es bestand anscheinend nicht mehr von der Batterie aus die Möglichkeit Ihnen s.Z. Nachricht zu geben. Ich möchte nun Sie, werte Frau Ries, damit trösten, dass ich Ihren lieben Sohn auch im Tode noch wie einen friedlich schlafenden Jungen in Erinnerung habe. Wenn Sie an mich noch Fragen haben sollten, so stehe ich selbstverständlich jeder Zeit gerne zur Verfügung. Das Bild Ihres Sohnes lege ich wieder bei.

Mit den besten Grüßen
Ihr
Bruno Wehrmeister"

Der Obergefreite Peter Heinrich Ries, im zivilen Leben Kaufmann, gehörte zum Geburtsjahrgang 1922. Weder Heinrichs älterer Bruder Josef noch Heinrich selbst fanden ihre letzte Ruhestätte in einem Grab.

Für welche Ziele, aus welchen Gründen beide Söhne der Witwe Ries ihr Leben lassen mussten, das WARUM eben, wird Tausende von wartenden, hoffenden und trauernden Müttern bis an ihr Lebensende bewegt haben. Es darf bezweifelt werden, ob das Bild vom Lebensraum als Lebenstraum bei den Hinterbliebenen und Überlebenden eine Rolle gespielt hat.

Auswahlbibliografie

ALY, GÖTZ: Hitlers Volksstaat. Raub, Rassenkrieg und nationaler Sozialismus, Frankfurt a.M. 2005

BENZ, WIGBERT: Der Rußlandfeldzug des Dritten Reiches. Ursachen, Ziele, Wirkungen, 2. Auflage Frankfurt a.M. 1988

BENZ, WOLFGANG: Geschichte des Dritten Reiches, München 2000

BÖHLER, JOCHEN: Der Überfall. Deutschlands Krieg gegen Polen, Frankfurt a.M. 2009

BOOG, HORST ET AL.: Das Deutsche Reich und der Zweite Weltkrieg. Band 4. Der Angriff auf die Sowjetunion, Überschär, Stuttgart 1983

BOUHLER, PHILIPP: Der großdeutsche Freiheitskampf, II. Band, Reden Adolf Hitlers vom 10. März 1940 bis 16. März 1941. Zentralverlag der NSDAP (Franz Eher Nachfolger) München 1942

BOUHLER, PHILIPP: Kampf um Deutschland. Ein Lesebuch für die deutsche Jugend, München 1938

BUCHER, RAINER: Hitlers Theologie, Würzburg 2008

CHURCHILL, WINSTON S.: Der Zweite Weltkrieg. Neuausgabe 1985, Bern/München/Wien 1985

CONZE, VANESSA: Das Europa der Deutschen. Ideen von Europa in Deutschland zwischen Reichstradition und Westorientierung 1920-1970, München 2005

DAITZ, WERNER: Der Weg zur völkischen Wirtschaft und zur europäischen Großraumwirtschaft, Dresden 1941

DAITZ, WERNER: Lebensraum und gerechte Weltordnung. Grundlagen einer Anti-Atlantikcharta. Ausgewählte Aufsätze, Amsterdam 1943

DAITZ, WERNER: Der Weg zur Volkswirtschaft, Großraumwirtschaft und Großraumpolitik, Dresden 1943

DARRÉ, RICHARD WALTHER: Neuadel aus Blut und Boden, München/Berlin 1938

DARRÉ, RICHARD WALTHER: Das Bauerntum als Lebensquell der Nordischen Rasse, München/Berlin 1938 (7. Auflage)

DARRÉ, RICHARD WALTHER: Um Blut und Boden. Reden und Aufsätze, München, 1940

DIEDERICH, THORSTEN: Paulus. Das Trauma von Stalingrad. Eine Biografie, Paderborn 2008

DIEKMANN, CHRISTOPH: NS-Lebensraumideologie und deutsche Besatzungsrealität, in: Jahn, Peter/Wieler, Florian/Ziemer, Daniel (Hg.): Der deutsche Krieg um „Lebensraum im Osten" 1939–1945, Bonn 2017

DIWALD, HELMUT: Geschichte der Deutschen, Frankfurt a.M./Berlin, Wien 1978

FEDER, GOTTFRIED: Das Programm der N.S.D.A.P. und seine weltanschaulichen Grundgedanken, München 1933, (111. bis 115. Auflage)

FEST, JOACHIM C.: Der lange Weg zum 20. Juli, Berlin 1994

FLEISCHER, WOLFGANG: Unternehmen Barbarossa 1941, Eggolstein 2007

FRIEDRICH, JÖRG: Das Gesetz des Krieges. Das deutsche Heer in Rußland 1941–1945. Der Prozess gegen das Oberkommando der Wehrmacht, München 1995

GERLACH, CHRISTIAN: Kalkulierte Morde. Die deutsche Wirtschafts- und Vernichtungspolitik in Weißrußland 1941 bis 1944, Hamburg 1999

GORODETSKY, GABRIEL: Die große Täuschung. Hitler, Stalin und das Unternehmen „Barbarossa", Berlin 2001

GOZTONY, PETER: Hitlers fremde Heere. Das Schicksal der nichtdeutschen Armeen im Ostfeldzug, Düsseldorf/Wien 1976

GRITZBACH, ERICH: Hermann Göring. Werk und Mensch, 30. Auflage, München 1937

HALDER, FRANZ: Kriegstagebuch, Band III. Der Rußlandfeldzug bis zum Marsch auf Stalingrad 22.06.1941–24.09.1942, bearbeitet von Hans-Adolf Jacobsen, Stuttgart 1964

HAUPTABTEILUNG „STÄDTEBAU UND WOHNUNGSPLANUNG" DES „REICHSHEIMSTÄTTENAMTS" DER DAF:
Heft 1 „Siedlungsgestaltung aus Volk, Raum, Landschaft", Karl Neupert, Leiter der Hauptabteilung
Heft 5 „Das deutsche Siedlungsbild im Osten"

HARTMANN, CHRISTIAN: Unternehmen Barbarossa. Der deutsche Krieg im Osten 1941–1045, München 2011

HAUSHOFER, KARL: Wehr-Geopolitik. Geographische Grundlagen einer Wehrkunde, Berlin 1941 (4. und 5. Auflage)

HEINEMANN, ISABEL: „Rasse, Siedlung, deutsches Blut", Das Rasse- und Siedlungshauptamt der SS und die rassenpolitische Neuordnung Europas, Göttingen 2003

HILDEBRAND, KLAUS: Das vergangene Reich. Deutsche Außenpolitik von Bismarck bis Hitler, 2. Auflage Stuttgart 1996

HITLER, ADOLF: Mein Kampf, München 1940

HITLER, ADOLF: Hitlers zweites Buch. Ein Dokument aus dem Jahr 1928. Eingeleitet und kommentiert von Gerhard L. Weinberg. Mit einem Geleitwort von Hans Rothfels, DVA, Stuttgart 1961

JUREIT, ULRIKE: Das Ordnen von Räumen. Territorien und Lebensraum im 19. Und 20. Jahrhundert, Hamburg 2012

KESSELRING, ALBERT U.A.: Bilanz des Zweiten Weltkrieges. Erkenntnisse und Verpflichtungen für die Zukunft, Oldenburg 1953

KIENEMANN, CHRISTOPH: Der koloniale Blick gen Osten. Osteuropa im Diskurs des Deutschen Kaiserreiches von 1871, Paderborn 2018

KOOP, VOLKER: Alfred Rosenberg. Der Wegbereiter des Holocaust. Eine Biografie, Köln/Weimar/Wien 2016

MADAJCZYK, CZESLAW (HG.): Vom Generalplan Ost zum Generalsiedlungsplan. Dokumente, München 1994

MAI, UWE: „Rasse und Raum". Agrarpolitik, Sozial- und Raumplanung im NS-Staat, Paderborn/München/Wien 2002

MANN, GOLO: Deutsche Geschichte des 19. und 20. Jahrhunderts, 15. Auflage, Frankfurt a.M. 1958

MÜLLER, ROLF-DIETER (HG.): Die deutsche Wirtschaftspolitik in den besetzten sowjetischen Gebieten 1941–1943. Der Abschlussbericht des Wirtschaftsstabes Ost und Aufzeichnungen eines Angehörigen des Wirtschaftskommandos Kiel, Boppard am Rhein 1991

MÜLLER, ROLF-DIETER/ÜBERSCHÄR, GERD R.: Hitlers Krieg im Osten 1941–1945. Ein Forschungsbericht. 2. Auflage Darmstadt 2000

OETTING, DIRK W.: Kein Krieg wie im Westen. Wehrmacht und Sowjetarmee im Russlandkrieg 1941-1945, Bielefeld 2009

PETERS, CARL: Dr. Carl Peters: Wie Deutsch-Ostafrika entstand! Persönlicher Bericht des Gründers, Leipzig 1940

PIPER, ERNST: Alfred Rosenberg. Hitlers Chefideologe, München 2005

PROBST, WALTER: Unternehmen Barbarossa. Deutsche und sowjetische Angriffspläne 1940/41, Hamburg/Berlin/Bonn 1995

REIMERS, ERICH: Der Kampf um den deutschen Osten. Deutsches Schicksal in 3 Jahrtausenden, 5. Auflage Leipzig, 1943

ROBERTS, ANDREW: Feuersturm. Eine Geschichte des Zweiten Weltkrieges, München 2019

RÖMER, FELIX: Die narzisstische Volksgemeinschaft. Theodor Habichts Kampf 1914 bis 1944, Frankfurt a.M. 2017

ROSENBERG, ALFRED: Der Mythus des 20. Jahrhunderts. Eine Wertung der seelisch-geistigen Gestaltenkämpfe unserer Zeit, München 1930

SCHALLER, HELMUT: Der Nationalsozialismus und die slawische Welt, Regensburg 2002

SCHIRACH, BALDUR VON: Revolution der Erziehung. Reden aus den Jahren des Aufbaus, 2. Auflage, München 1939

SIEMENS, DANIEL: Sturmabteilung. Die Geschichte der SA, München 2017

SIMMS, BRENDAN: Hitler. Eine globale Biografie, München 2020

SPÄTER, ERICH: Der dritte Weltkrieg. Die Ostfront 1941–1945, St. Ingbert 2015

SPEER, ALBERT: Der Sklavenstaat. Meine Auseinandersetzungen mit der SS, Stuttgart 1981

TEUSCH, ULRICH: Der Krieg vor dem Krieg. Wie Propaganda über Leben und Tod entscheidet, Frankfurt a.M. 2019

ÜBERSCHÄR, GERD R./WETTE, WOLFRAM: Der deutsche Überfall auf die Sowjetunion. „Unternehmen Barbarossa" 1941, Frankfurt a.M. 1991

VOLKMANN, HANS-ERICH (HG.): Das Russland-Bild im Dritten Reich, Köln u.a. 1994

WASSER, BRUNO: Himmlers Raumplanung im Osten. Der Generalplan Ost in Polen 1940–1944, Basel 1994

WEGNER, BERND (HG.): Zwei Wege nach Moskau. Vom Hitler-Stalin-Pakt zum Unternehmen „Barbarossa", München/Zürich 1991

WEBER, CLAUDIA: Der Pakt. Stalin, Hitler und die Geschichte einer mörderischen Allianz 1939–1941, München 2019

WIPPERMANN, WOLFGANG: Der „deutsche Drang nach Osten". Ideologie und Wirklichkeit eines politischen Schlagwortes, Darmstadt 1981

Der Autor

Dr. Alexander Jehn

Alexander Jehn ist seit 2017 Direktor der Hessischen Landeszentrale für politische Bildung. Zuvor war er 18 Jahre im Hessischen Kultusministerium tätig, u.a. für Belange der politischen Bildung. Der gebürtige Fuldaer studierte in Würzburg u.a. Politische Wissenschaft, Geschichte und Slawistik. Er promovierte 1996 über „Nachbarschaftspolitik im Donauraum. Die besonderen Beziehungen Österreichs zur Tschechoslowakei, zu Ungarn und Jugoslawien in der Ära Kreisky 1970–1983". Ehrenamtlich engagiert er sich als Präsident der Stiftung „Jugend und Bildung".

Jüngste Veröffentlichungen als Mitherausgeber:
Die Frankfurter Paulskirche – Ort der deutschen Demokratie
Deutschland und Afghanistan. Verwobene Geschichte(n)
Die Battenbergs. Eine europäische Familie
Die vergessene Vertreibung. Zwangsaussiedlung an der innerdeutschen Grenze
Hessische Skandale: Medien, Gesellschaften und Normkonflikte